U0927713

曹子祥教你做绩效管理

曹子祥◎著

图书在版编目（CIP）数据

曹子祥教你做绩效管理/曹子祥著．—北京：中华工商联合出版社，2014.12

ISBN 978-7-5158-1196-3

Ⅰ．①曹… Ⅱ．①曹… Ⅲ．①企业绩效－企业管理 Ⅳ．①F272.5

中国版本图书馆 CIP 数据核字（2014）第 291942 号

曹子祥教你做绩效管理

作　　者：曹子祥
责任编辑：于建廷　效慧辉
责任审读：郭敬梅
封面设计：久品轩设计
责任印制：迈致红
出版发行：中华工商联合出版社有限责任公司
印　　刷：河北宝昌佳彩印刷有限公司
版　　次：2015 年 3 月第 1 版
印　　次：2019 年 5 月第 2 次印刷
开　　本：787mm×1092mm　1/16
字　　数：200 千字
印　　张：14.75
书　　号：ISBN 978-7-5158-1196-3
定　　价：58.00 元

服务热线：010－58301130
团购热线：010－58302813
地址邮编：北京市西城区西环广场 A 座
19－20 层，100044
http：//www.chgslcbs.cn
E-mail：cicap1202@sina.com（营销中心）
E-mail：gslzbs@sina.com（总编室）

博瑞森图书：企业阅读　本土实践

亲爱的读者朋友：

也许您是博瑞森图书的老读者，也许是新朋友，欢迎您阅读博瑞森图书！

当今中国，各行各业都存在着转型升级的压力与机遇。博瑞森图书与您一同应对转型挑战并发现其带来的机遇。

我们一直在问：什么样的书能为您解决管理难题并带来启发？

我们一直在找：哪些作品能帮助企业从跟随到领先？

我们一直在做：把最好的作品以最便捷的方式呈现给您，纸质版、电子版、书摘邮件、微信……

我们策划图书的原则是：

- 企业阅读——与您一样，做水中的游泳者，而非岸上的观众或教练，企业的困惑就是我们的任务。
- 本土实践——与您一样，立足本土环境，追求卓越实践，传播最适合当下中国企业的管理之道。

我们也向所有的企业管理者、管理咨询专家和企业研究者征稿，让更多被实践检验的好思想、好方法迸发出来，为企业助力！（bookgood@126.com或QQ：1963328416或手机号13611149991，绝非“自费出书”，不向作者收取任何费用）

如果有一天，您把博瑞森图书视为您优秀的事业伙伴、管理助手，我们也就实现了自己的梦想。

博瑞森图书

博观而约取，厚积而薄发

北大纵横管理咨询集团创始人

中国青年企业家协会副会长

中国职业经理人协会副会长

王璞

曹子祥老师长期在企业管理领域浸润，从亲身担任企业高管，到专业从事人力资源管理培训，再到成为管理咨询专家，遇到企业问题无数，积累了丰富的实战经验，凭借其专业的学识与深厚的功力，为很多企业成长提供了极具价值的建议。“博观而约取，厚积而薄发”，他现在以出书的形式将自己丰富的管理经验与大家分享，实为企业管理领域的一件幸事。

我和曹子祥老师相知相熟是在他成为北大纵横高级合伙人后，2009年，他作为国内知名的人力资源管理专家，加入北大纵横大家庭。曹子祥老师是一位正直并有爱心的性情中人，是一位令北大纵横同事尊敬的股东、高级合伙人，尤其是他亲自操刀的咨询和培训都得到了客户的极高评价！

绩效管理是企业管理非常重要的一个领域，也是很多企业常常感到困难的一个领域。曹子祥老师在关于绩效管理的这本书中，展现了他多年在管理实践中对绩效管理的独到理解、深刻剖析与精辟提炼。他分别从绩效管理的本质、绩效管理的过程、绩效管理的关键点、难点等一一展开，剥去了绩效管理相关问题的层层面纱，使之清晰而易于理解地展现在读者面前，引导读者结合实际的情况，把握绩效管理的要点，从而探索实施企业战略性绩效管理的成功方法。

从这本书开始，期待曹子祥老师更多管理书籍的面世。

2014 年 10 月

转眼间，从事管理咨询工作已经有 14 年之久，前前后后做过的咨询项目有数十个，做过内训的企业也有几百家，期间为各类企业解决了各种管理问题。在为不同的企业提供人力资源管理服务的过程中，我提炼出了许多非常有价值的原则、方法和工具，也总结了许多企业的经验、教训，这些都是企业非常需要的，尤其是对被公认为最难实施的管理问题之一的绩效管理的需求。近几年，我一直希望把这些内容总结归纳出来，能让更多的企业受益。

企业在实施绩效管理的过程中，存在的问题非常多，我记录的就有 370 多个，让人深感做绩效管理的不易。如何将这么多年的工作经验让更多的人借鉴是我一直思考的问题，培训是一种比较能够为更多人服务的方式，但是算下来，能够受益的企业并不多。这十多年时间每年差不多有 100 多天用于培训，如果按每天 100 人计算的话，那也不过就是十多万人次，更何况，很多时候一次培训不到 100 人。思来想去，出书是一种比较合适的方式，能让更多人从我的经验中得到启发和提升，于是决定开始把这么多年的经验总结下来，出一本书。

从产生出书的想法到付诸行动整理书稿，用了将近二年的时间。之前我一直忙于为企业做顾问、做培训、做咨询，终于下决心开始出书以后才发现：这真不是一件容易的事，特别是大量文字的整理、撰写需要付出很多的时间和精力。但是既然已经开始了，无论怎么忙，也要把它做完、做好。经过几个月的时间，才终于完成书稿。

在整理书稿的过程中，得到了李俊丽编辑的大力支持，帮我做了很多文字编辑的工作，也得到了我的助理马勇女士各方面的帮助，在此衷心的感谢！

绩效管理本身非常复杂，从拟定绩效管理制度、制作各种表格，到提炼绩效指标库、签绩效合同，到涉及的问题方方面面，提炼指标库和签订绩效合同，可能会涉及公司所有人员，大大增加了难度。我们辅导过的企业也是各行各业、各种规模，各个不同区域，真是五花八门，但是，实际上，这些不同的企业在绩效管理工作中都有一些共性问题，解决方法也是通用的，提炼出来，出版成书，对于所有其他企业都有借鉴价值，希望与读者们分享。

本书共分为 13 个专题，每个专题的内容介绍如下：

第一章主要是概念解析。本章把战略性绩效管理的概念及一些误区进行了澄清，为后面打下基础。强调了“战略性”绩效管理如何体现：就是根据公司的战略目标来确定绩效考核指标体系。

第二章讲的是绩效管理中组织机构的设置和相对应岗位的绩效管理职责，这部分内容只是简要地介绍了一下，还有许多内容需要展开。比如，不同规模的企业在绩效管理组织结构设计中的差别是比较大的，不同企业关于绩效管理组织机构的设置及各自权责的划分，还要依赖于企业的管控模式。企业的管控模式不同，相关岗位设置和岗位权责会有差异。本章只是做了概括性的提炼，并没有详细地展开，如果读者有这方面的具体问题或需求，可以直接与本人联系探讨。

第三章是从逻辑关系上阐述实施绩效管理的三个环节：系统设计—试运行—正式实施，展现了三部曲中常见的主要问题，以及如何应对。这部分内容涉及具体的绩效管理制度和大量实施细则，我们毫无保留地展现了制度和实施细则资料。读者在读这一章时，可以参考具体示例来理解，并结合本企业的实际情况加以思考，定会受益多多。

第四章讲的是绩效管理中的考核关系：考核主体与考核对象，既阐述了正常情况下的考核主体与考核对象，也对一些特殊情况下的考核主体和考核对象进行了比较详细的说明，为企业做绩效管理提供了比较具体的方法和指导。

第五章讲的是绩效考核周期。考核周期本身很简单，但是原理很重要，我们把绩效考核周期的两条原理性结论给了出来，本章还把绩效考核的数据录入作为一个重要的内容展开，那是因为绩效考核失败的原因有很多，而没有数据录入是非常重要的一个原因。数据录入比较花时间，很多企业都做得不到位，而且不少人也没有认识到这个工作的重要性。实际上数据录入是非常重要的一个基础性工作，可以说没有数据录入，绩效管理会彻底失败。

第六章讲的是绩效考核结果的运用，它是一个需要重点关注的环节。绩效结果的运用方式比较多，本章分成两个部分：首先，讲绩效管理结果的四大经典应用，其中对奖酬方案的运用做了重点介绍；其次，重点谈了绩效的改善与能力的提升，这一块是需要很多企业关注的。如果企业在绩效管理的过程中，只注意到了奖金和薪酬的设计，而没有注意到过程中的绩效改善与能力提升，就会与绩效考核的初衷相背离，效果也不好。对于岗位的调整，我们从实操和原理两个方面阐述了考核结果与岗位调整的关系：能力考核是用人的基础，绩效考核是重要依据之一。

另外，本章还阐述了绩效考核结果运用的原理，为读者今后创新绩效考核结果运用的方式指明了方向。

第七章讲成功绩效管理的“1－2－3法则”，跳出了绩效管理过程中具体的某一个环节，是站在宏观的角度审视整个绩效管理的一个精炼法则，这是我多年的经验提炼。这一章的内容可以单独先读，也可以依章节顺序来读，需要读者反复研读，相信它对企业成功实施绩效管理会有重要的指导意义。很多企业的绩效管理做不好的重要原因是各级管理者错误地认为绩效管理是人力资源部门的事情，实际上，各级管理者才是绩效管理的主体。本章清晰地告诉我们在绩效管理中各级管理者、人力资源部门之间的关系，这部分内容可以结合第二章学习。

第八章主要是讲绩效考核指标。首先解析了公司层面或者集团公司下属业务单元层面的指标。由利润指标——最常见的指标说起，逐渐展开到其他财务链的指标，接着，分析了管理指标，最后又对平衡计分卡做了简单的介绍。

在本章中，我对指标有不同的表述：有时表述为经营指标，这是一大类，有的企业只有经营指标；有时是“经营 + 管理”指标，既指经营指标，也指管理指标；还有一些企业应用了平衡计分卡。职能部门的指标如何制定也使很多企业常常感到困惑，我建议根据岗位的职责来划分，不要从平衡计分卡的四个方面来展开，这样会使员工的工作更具体、更简单、更有成效。

第九章是在第八章的基础之上，对方法论和一些具体概念的展开。本章包含了三部分内容：第一部分讲如何确定 KPI 的方法。关于平衡计分卡，在绩效管理中有很多不同的应用，各企业对它的诠释也有很大的差别。笔者认为在平衡计分卡的使用上很多人有一些误区，比如平衡计分卡到底用到哪些层面？对此笔者强烈地呼吁：平衡计分卡最好集中在公司或下属业务单元的总经理（或包含分管副总经理）这个层面使用，其他具体职能部门的指标根据各自的职能，由公司总经理根据当前的战略重点进行分解。第二部分阐述了一个模型，并进一步对如何提炼指标库进行了讲解。第三部分则专门讲述了绩效合同的签订。绩效合同的签订是很多企业感到困难的地方，这部分内容具有很强的实操指导性。

第十章讲的是绩效反馈和面谈，其实这部分可以归为绩效考核结果的运用部分，二者在内容上有一部分重叠。本质上，绩效反馈和面谈本身就是绩效考核结果运用的一部分，不过不是非要等到考核结果出来后才开始面谈，而是在绩效管理的过程中一发现问题就要进行面谈，所以把这部分单独拿出来讲，提醒读者注意。

第十一章讲的是绩效管理的难点，这章是总结性质的提炼，把绩效管理中的难点分成三类加以陈述：管理者素质的滞后，基础管理的薄弱，以及绩效本身的一些技术难点。目的是引起读者的关注，让读者明白：要想解决绩效管理的问题，不只是关注绩效管理技术本身，而是要从不同的视角来思考，才能够解决好。其中，我认为“管理者的素质滞后”是最核心的问题，尤其是高管素质的提升，会大大提高绩效管理的成效。

第十二章也是一个归纳式的总结提炼，总结绩效管理失败的 8 大原因。

第十三章与前面的所有章节都不同，它从如何提升绩效的角度给出了一个“绩效方程式”，即从影响绩效提升四个方面的因素分别加以阐述。建议企业展开这方面的研讨，比如，针对其中的某一项或几项，展开多次研讨，每次半天或者一天，收获会非常大。在研讨过程中，如果有特别需要，可以联系作者。本书再版时，这部分内容将会进一步展开。

当本书脱稿时，笔者感觉松了一口气，但是仔细翻阅一下，还是有很多的地方不满意，比如结构安排方面、文字描述方面。不过既然出书，总要划个句号，很多自己觉得还不如意的地方，将会在再版时加以改进。就好像装修房子一样，总是一个遗憾的工程，下次总会有更好的想法。读者在学习中，有任何问题，欢迎与我联系：邮箱：100266845@qq.com，或者加我微信：caozixiang62。

这是笔者的第一本书，今后还打算出几本书，包括《案例解析组织结构设计与优化》、《如何撰写岗位说明书》、《常用的几种岗位评价方法分析与应用》和《薪酬与福利方案设计与实施》等，形成一个系列。

曹子祥

2014 年 9 月于深圳

第四章　考核主体与考核对象

第五章　考评周期如何设置最佳

第六章　考核结果的运用

第七章　绩效管理的成功“1-2-3法则”

第八章　最常见的绩效考核指标

第十一章 企业绩效管理中的难点分析及应对

第十二章 导致绩效管理失败的8大原因解析

第十三章 解析绩效方程式

附录一　某股份有限公司绩效管理制度

附录二　指标库举例

第一章
透视战略性绩效管理

企业家和职业经理人们经常谈论绩效管理问题，但是，到底什么是绩效？什么是绩效管理？什么是战略性绩效管理？很多人理解得并不是很透彻，甚至有些人的理解还有误区。透视绩效管理，就是要把绩效管理透彻地说清楚，这还是比较复杂的一件事情。

我们进行的一份对国内几千家企业高管的调查结果显示，在企业管理中，最难做的三件事是绩效管理、薪酬管理和如何留住人才。既然绩效管理对于企业来说这么难，那么为什么我们还要实施绩效管理？因为绩效管理有很多很多好处。

一、绩效管理对企业的好处

绩效管理能给企业带来很直接的好处，所以，很多企业都持续地实施绩效管理。我们多年的企业管理咨询经验显示，实施了绩效管理的企业，其绩效都有明显的持续改善。据美国某公司对一些上市公司的调查资料显示，实施了绩效管理的企业和没做绩效管理的企业其各项指标结果差距非常大，具体如表 1 - 1 所示：

表 1 - 1　对一些美国上市公司绩效管理效果的调查结果

指标	缺乏绩效管理系统	具备绩效管理系统
总体股东投资回报率	0%	7.9%
股权收益率	4.4%	10.2%
资产回报率	4.55%	8.0%
投资回报现金流动率	4.7%	6.6%
实际销售增长率	1.1%	2.2%
员工人均销售额	$126.100	$169.900

二、绩效管理的5大目的

一些人对绩效管理的目的认识存在一些误区甚至错误的认识：有人认为实施绩效管理就是为了降薪或者加薪、奖励，甚至有的人认为实施绩效管理是为了裁员，这些认识都是错误的。可以设想一下，如果我们的员工认为公司实施绩效管理就是为了裁员或降薪，他们一定会反对企业实施绩效管理，那么实施绩效管理的结果一定是失败的。

实际上，**绩效管理的根本目的就是让战略落地**。明确这一点是非常重要的，了解了这一目的，我们才可以进一步推导。如果我们通过设计一种绩效考核结果运用机制，使得战略落地对企业和绝大多数员工都是有利的，那么这样的绩效管理就实现了双赢，这样绩效管理才能够推行下去，并且一定会获得成功。

绩效管理的作用还得建设企业文化及解决企业问题，所以绩效管理还有其他四大目的。

一是更好地履行职责、完成任务。对于具体岗位而言，考核的目的就是要让考核对象更好地履行职责，更好地完成任务，具体方法就是，根据岗位的职责确定岗位的考核指标。

二是更好地执行企业的流程。流程的关键管控点就是绩效指标的来源，如果企业建立了完善的流程，我们可以从流程提取指标。

三是能力的提升。绩效考核的全过程都伴随着绩效改善和能力提升，全体人员都要有这样的理念，达成共识，成为绩效管理的核心理念。

四是员工行为的纠偏。不良行为可能是员工在绩效考核中重要的减分原因，而实施绩效管理可以纠正员工的不良行为，鼓励员工的良好行为。另外，在指标设置上，也可以设立一些行为指标，达到直接纠正不良行为的目的。

三、绩效管理误区及概念解析

为了战略落地，所有的人员都应该接受考核，所有的指标都应为战略服务，绩效管理是一把手工程，是全员工程。

讲绩效，不得不提到其英文Performance，因为整个管理体系，包括绩效管理体系都来自西方。Performance的意思就是表现，**所以也可以说绩效就是表现，个人的绩效是个人的表现，部门的绩效是部门的表现，事业部的绩效是事业部的表现，公司的绩效是整个公司的表现。**

表现是优还是劣，就要通过绩效考核来给出结论。绩效的优劣要通过指标来考核，这里的指标依计划而定，而不是根据考核者个人的偏好，因为绩效考核是为企业计划服务的。

绩效改善和能力提升应该成为绩效管理的核心。在加里·德斯勒的《人力资源管理》著作中，绩效管理被放在员工开发篇，这是为什么？因为为了强调绩效改善及能力的提升是所有岗位做绩效的直接目的。这里的能力包括个人的能力、部门的能力和整个企业的能力。

通过各种方法，把绩效改善作为贯穿整个绩效管理始终的一条线，让它根植在每一个人的心中，让大家一提到绩效管理就想到绩效改善、能力提升。

在绩效管理的过程中，很多企业都存在一个现象：上级总希望把目标值定的高一点，而下属总是找很多理由来证明上级定的目标太高，究其原因就是没有正确理解绩效管理的目的。如果我们大家都认为绩效考核只是为了发或者扣更多的钱，那么在定目标的时候，下级就一定会希望定低一点，以便有更高的绩效考核分数。但是，如果我们的导向或我们的内心深处始终都认为绩效管理的目的是绩效的改善和能力的提升，那么下级可能更愿意接受高难度的任务。因此，我们一定要营造一种绩效文化，让大家都这么认为，这样一来整个公司的绩效氛围就会不一样，绩效管理实施起来就会容易很多。

四、绩效考核与能力考核

绩效考核与能力考核是比较容易混淆的两个概念，甚至很多专业人士，例如管理顾问或大学老师都会混淆。

工作能力要不要考核？一定要。但是工作能力的考核和绩效的考核不是一个意思，它们之间的差别在哪里？从人力资源专业的角度来讲，能力的考核属于人事测评的范畴，它的考核以素质模型为基础，通过人事测评来实施，其结果反映了这个人与这个岗位的匹配度，而绩效考核则不一样，它是看被考评对象对计划的贡献率，两者之间有四个方面的不同。

第一是用途不同。能力考评的结果主要用于晋升、提拔、调职、降职和辞退等使用人方面，而绩效考核的结果主要用于薪酬激励的分配。

第二是考核指标不同。能力考核的指标以素质模型为基础，根据目前比较流行的素质模型理论来划分，岗位素质模型一般包含三个方面的素质：一是核心素质（又叫全员通用素质），是基于企业核心价值观提炼出来的，是企业所有员工都应该具备的素质。例如，有的企业的核心价值观是诚信、专业、合作、共赢等，那么，公司所有的人员都应该具备这样的素质。二是综合素质或基础素质，就是各个职系的人员应该具备的共同的素质，在他们的职系里，所有人员都要具备。当然，不同的职系有不同的综合素质，比如说做营销的人要具备营销的综合素质和做研发的人要具备研发的综合素质一定是不同的。三是专业素质，同一个职系里，不同的专业需要不同的“专业素质”。

这样，公司中任何一个人都应该具备三种素质：专业素质+综合素质+通用素质（或核心素质）。基于素质模型的能力测评得到的是一个人的“人-岗匹配度”，而绩效考核的指标来源于岗位的工作职责和当前的工作重点：你做什么我们就考核你什么，我重视什么我就考核什么。

第三是能力考核和绩效考核的周期不一样。从理论上来说，绩效考核的周期可以为每天，甚至以小时。由于成果的达成周期决定了绩效考核的周期，所以企业里高层的考核周期通常要比中层的考核周期长，中层的考核周期比基层的考核周期长，而能力考核的周期一般来说是一年。

第四是考核者不同。绩效考核的考评主体通常是被考评对象的直接上司，这是一种最典型的情况。除此之外，被考评对象的服务对象也可以作为考评主体。比如某集团公司总部行政总监的考核主体，除总裁之外，事业部的总经理也要对其进行考核，实际上也就是我们所说的内部考核。能力考核的考核主体通常是多元的，甚至是360度的，有的企业还会请一些外部的专家来参与能力考评，所以绩效考核的指标不包括能力考核。

明确了以上四个方面的不同之后，就会更深刻地理解：所谓的绩效管理就是管理者确保企业各团队和人员的工作活动及成果能够与组织的目标保持一致的过程。

第二章
绩效管理的组织机构设置

一、绩效管理中的组织设计示意图

在绩效管理中涉及到组织和岗位，在绩效管理中他们分别承担不同的角色，如图 2－1 和表 2－1 所示。

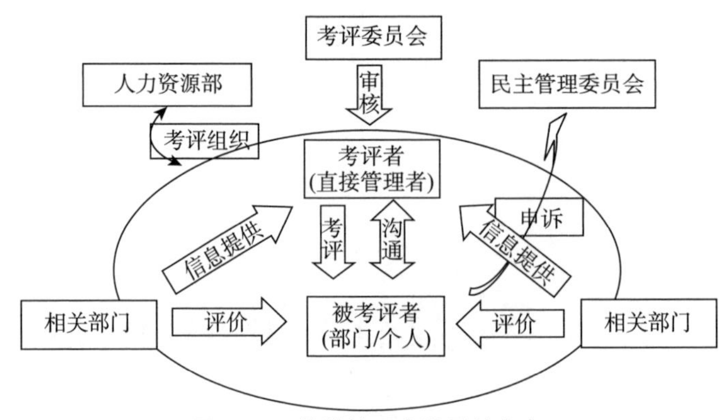

图 2－1　绩效管理中涉及的角色

表 2－1　绩效管理中各角色的主要职责

考评者	被考评者的直接上级管理者，负责对被考评者的工作业绩进行考评评价
被考评者	被考评部门、被考评个人
人力资源部	绩效考评的归口管理部门，负责全公司绩效考评的组织实施，汇总整理绩效考评结果
考评委员会	由公司高层及人力资源部组成、公司考评工作的最高审核机构
考评民主管理委员会	以公司工会为员工代表，负责考评申诉事件的复核和处理

二、绩效管理中的几个组织

（一）考评委员会

考评委员会是绩效管理中的决策机构，由公司的高层及人力资源部门组成，负责考评工作的审核。如果是上市公司，通常会有一个薪酬与考评委员会，此委员会属于公司治理层，他们只对董事长、总监这些高管层级人员实施考评。对于高管以下人员的考评，则由另外一个考评委员会来进行。

（二）人力资源部

人力资源部在整个绩效管理中发挥组织者、专家和信息中枢的作用。它是考评委员会下面的一个办事机构，负责全公司绩效考核的组织实施，以及绩效考核结果方案的实施。

（三）民主管理委员会

绩效管理里面还有一个机构——民主管理委员会，主要负责申诉。如果被考评对象对考核结果有不满意的地方，可以去找民主管理委员会。

民主管理委员会在理论上通常由工会人员或员工代表组成，但是实操中我们发现，不少公司的申诉人是到人力资源部申诉，或者找上级的上级申诉，还有一些公司直接到考评委员会申诉。这几种做法都有问题，效果不好。首先，员工很多申诉内容本身就是针对制度的，而这个制度的制定者是人力资源部。由于人力资源部具有专业优势，使得申诉者本身处于一种弱势地位，达不到申诉效果。其次，如果直接到考评委员会申诉，由于考评委员会日常的工作很繁忙，再加上信息不对称，所以也没什么效果。因此，正确的做法是到民主管理委员会申诉。

很多企业会担心让员工代表负责申诉会的工作会不会有问题？一般情况下不会有问题，反而公司氛围会更加和谐，组织的效率会更高。

（四）HRBP

集团公司的人力资源管理组织设计相对比较复杂，一般而言，要设置集团总部的人力资源管理中心和下属各个业务单元（事业部或子公司或分公司）的人力资源部门。

在总部的人力资源中心，一般要有一位人力资源总监，统管公司的人力资源管理。这个总监职位通常由一位人力资源专家担任，也就是说，这个岗位既是一个管理岗位，也是一个专业岗位，有点类似于财务中心的财务总监。

总部人力资源中心的部门设置，通常要根据该集团公司的人力资源管理职能设立若干部门或专员，一般是人力资源规划招聘部、培训部、薪酬与绩效考核部、人事测评与员工发展部、企业文化与员工关爱部，以及组织结构管理与劳动关系管理专员等。

不同企业的人力资源中心部门设置差异很大，有的企业规模比较小，所以有的管理职能可以不设立部门，只设立岗位。例如，有的企业用“人力资源规划与招聘专员”（可以不止一位）代替“人力资源规划与招聘部”，培训职能则设立“培训部”。而有的企业刚好相反，设立了“人力资源规划与招聘部”，培训职能则只设立“培训专员”岗。一般有如下几种模式：

模式一：下属业务单元人力资源部经理的上司是业务单元总经理，其日常工作接受业务单元总经理的领导，只是在专业上接受总部人力资源中心的指导。业务单元总经理对他有任免权，这种模式给予下属业务单元总经理的权力比较大。

模式二：下属业务单元的人力资源部经理的上司是总部人力资源总监，其日常工作不受业务单元总经理领导，只接受总部人力资源总监领导。其任免权属于人力资源总监，在绩效考核上给予业务单元总经理一定的考核权（通过考核权重分配实现）。

模式三：下属业务单元不设立人力资源部，而是设立一个 HRBP（Business Partner）岗位。这个岗位隶属于业务单元，但是，上司有两个，接受业务单元总经理和集团总部人力资源总监的双重领导。作为一个人力资源管理的专业岗位，其职责是在业务单元实施人力资源管理职能，目的是为促进业务单元的业务发展，所以，要接受业务单元总经理的领导。

HRBP 的工作依据是集团的人力资源管理制度，制度的制定由集团人力资源中心负责，业务单元相应的人力资源管理实施细则由 HRBP 拟定，但是，必须报请集团人力资源总监审核或审批后方可实施。HRBP 在工作中遇到的所有专业问题，需要集团人力资源总监的指导。注意，HRBP 不负责具体的事务性工作，所有业务单元的事务性工作统一由集团人力资源中心负责。例如，人员的招聘、人事测评、人事档案保管和员工培训等。但是，各个业务单元的人力资源规划、年度招聘计划、培训计划和企业文化建设方案等都是由 HRBP 负责。

【深度学习 1】战略性绩效考核是什么

企业的绩效考核是让企业家和职业经理人（靠管理能力吃饭的职业人）最为头痛的事情，在展开下文之前，我们先描述一下什么是企业的“绩效”。

我们这里所说的企业绩效包含两个方面的内容：一是做事的效率高不高，二是做事的（结果）效益好不好。例如，第一个人在农批市场卖水果，半天时间卖出 50 斤水果，第二个人半天时间卖了 75 斤水果，我们说，第二个人的销售效率比第一个人高，是第一个人的 1.5 倍。而通过调查发现，第一个人因为销售价格较高，所以卖得较少（效率较低），但是，他半天时间赚了 65 元钱（效益），而第二个人半天时间只赚了 60 元钱，显然，第一个人尽管效率低但他的效益较高。

企业中每天都会有此类的决策要做，“依据什么评判职业经理人的价值?”“如何决定对员工的留用与否?”“应该给谁加薪?”“公司有限的培训预算给谁用?”“依据什么提升你的部下?”“如何评估某项业务/某个部门的价值?”等等。

企业家和职业经理人做出了正确决策吗?没有谁可以肯定地回答:“是的,我做出的决策全都正确。”但是,的确有很多人做出了大部分的正确决策。我们说他们的决策正确,是因为,当他们做出决策后,企业的**绩效**得以提升。相反,如果当他们做出某项决策后,导致企业的**绩效**降低,我们会认为,他们做出的决策是错误的。这里,我们认为判断的标准只有一个,那就是**绩效**的提升与否。

不过下面的这两种说法也是有道理的:第一种情况是当做出某项决策后,企业的**利润**降低了,但是还不能说这个决策有问题。因为,可能用不了多久,企业的**利润**就会有较大幅度的持续提升,例如企业人员精简或者流程改造。第二种情况是,有些决策做出后,企业**利润**提升了,你也不能判断这个决策就是正确的。因为从长期来看,企业的竞争力可能由于该决策而受到了损害,尽管企业在短期内利润上升,企业的长期效益反而降低了,例如企业实施承包制。在企业实际管理工作中,这两种情况如何处理呢?根据短期的利润情况可能做出错误的决策,如果不依赖短期的利润变化作判断,可能要冒着长期亏损的更大风险。

上面两种观点看似矛盾:一个观点认为评判的标准只有一个,那就是绩效。另外的观点则认为利润的增加与否并不能成为评判的唯一依据。实际上,这两种观点都有道理,问题在于,许多人将企业的利润同企业的绩效混为一谈。

实际上,企业的利润同企业的绩效之间既有紧密的联系,又有本质的差异。企业的绩效包括了企业的利润,企业的利润是企业绩效的重要组成部分。较为系统的描述就是知名的平衡计分卡(BSC),当我们评判企业的绩效时,不能仅仅依据企业的财务指标——利润,还要依据财务指标之外的其他指标——企业的经营能力、企业的人力资源情况、企业的内部管理流程效率及企业适应环境变化的能力。

【深度学习 2】绩效管理还是绩效考核

快到年终时，我们经常收到邮件、电话询问："年底快到了，又要做绩效考核了，怎么办？不做不行，但做了又总是出各种各样的问题，大家都不满意，有什么好办法可以解决这些问题？"找到解决问题办法的前提是发现产生问题的原因。调查发现一个很重要的原因就是：许多经理人把企业管理问题简单化、孤立化了，仅仅在做绩效考核，没有把绩效考核提升到绩效管理的高度。这种情况下，出现问题就不奇怪了。

绩效考核和绩效管理之间到底有什么样的联系和区别呢？绩效考核是孤立的、静态的、片面的，而绩效管理则是联系的、发展的、全面的。具体来说，绩效管理通常包括以下几个环节：

（1）针对整个企业订立发展目标，将企业的整体目标分解到各个部门及每一个员工身上，并订立相应的绩效考核指标和标准，同时，在时间维度上把全年的目标分解到月，甚至日。

（2）以绩效考核指标为指导，监控实现目标的员工能力及实施条件。

（3）定期实施绩效考核，检查是否完成目标绩效。

（4）根据考评的结果分析"为什么会有这样的结果"，将信息反馈给员工本人及其他相关人员，并采取相应的措施，包括奖励、惩戒、培训、指导、岗位调整、改善工作环境和调整目标等，以确保下一阶段每个员工都有更好的表现。

这样的一个过程，就是我们所说的绩效管理。显然，绩效管理同绩效考核既有联系又有区别，绩效考核是绩效管理的一个阶段。绩效管理给企业带来的好处是：

（1）将每个员工的日常工作同企业的战略目标联系在一起，确保了企业战略目标的实现。

（2）将每一个员工的能力和实现目标的条件纳入管理的内容。任何人要实现工作目标，必须具备相应的能力，如果没有能力而承担了能力以外的工作，那就是蛮干。对其个人来说风险是降低自己的职业信用和职业价值，对企业来说可能要承担严重得多的后果，甚至“一着不慎，全盘皆输”，企业中这样的教训数不胜数。所以，要做好企业管理工作，提高企业的业绩，作为管理者，就不仅仅是订立目标，还必须要保证员工具备实现目标的能力，并给他们创造实现目标的条件。否则，到年终发现没有实现目标，那就变成秋后算账，对企业、对个人都是一种伤害。

（3）考评的结果不仅仅是用来奖惩，而是提高个人和企业的绩效能力，采取综合措施，确保企业的目标能够顺利实现。如果实现目标有困难，也能知道原因在哪里，从而采取相应的改善措施，为下一阶段做好准备。

明白了绩效考核同绩效管理的区别和联系，我们就知道，在企业里，我们想做的和应该做的实际上是绩效管理而不仅仅是绩效考核，只通过绩效考核是不可能达到管理目标的。对于那些仅仅做了绩效考核就期待实现企业目标的经理人来说，出现问题是不可避免的。

第三章
绩效管理实施三部曲

一、绩效管理的系统设计

（一）绩效管理系统的3个成果

在做绩效管理之前，我们是没有绩效考核制度的，也没有相应的指标库。所以，当我们要实施绩效管理的时候，一定要先设计一套绩效管理系统。绩效管理系统有3个成果：一是将绩效管理的制度和实施细则汇成一本绩效管理手册，也叫绩效管理办法；二是形成指标库和绩效合同，如表3－1和表3－2所示；三是生成各种工具，比如说绩效合同、绩效指标库、申诉表、改善表，以及部门或者各个岗位绩效考核的结果汇总表等。

以下是某企业样例，仅供参考。

某集团绩效管理手册目录

第一章　总则

第1条　目的

第2条　适用范围

第二章　绩效管理的组织及职责

第3条　绩效管理领导小组

第4条　总部人力资源部

第5条　各事业部人力资源部

第6条　总部经营管理部

第7条　各级管理人员

第8条　绩效考核监督小组

第23条　绩效辅导

第24条　绩效记录

第25条　绩效考核评分

（一）考核数据收集、评分和考核结果计算

（二）绩效考核评分的时间

（三）考核结果的等级划分及系数的确定

（四）其他规定

第26条　绩效反馈沟通

第27条　绩效考核结果运用

（一）绩效奖金的计算

（二）薪酬调整的重要依据

（三）职位调整的参考依据

（四）培训需求的参考依据

第五章　申诉及其处理

第28条　申诉受理机构

第29条　提交申诉

第30条　申诉受理

（一）申诉受理

（二）申诉处理答复

第六章　附则

表3－1　某公司总经理指标库

编号	KPI指标	指标解释	评分计算方式	信息来源
效益类	净利润	净利润与营业收入的比值	净利润/营业收入×100%	财务报表
	权益回报率（资本回报率）	衡量股票投资者回报的指标，评价公司管理层的表现——盈利能力、资产管理及财务控制	净利润/所有者权益平均余额×100%	财务报告

续表

编号	KPI 指标	指标解释	评分计算方式	信息来源
	净资产收益率	衡量公司运用自有资本的效率	税后利润/净资产×100%	财务报表
	净现金流量	反映公司在一定时间内增加或减少的现金及现金等价物的总额	经营活动产生的现金流量+投资活动产生的现金流量+筹资活动产生的现金流量	资产负债表及现金流量表
运营类	营业收入	衡量公司实际的经营收入总量	公司的经营收入总额	财务报告
	合同额增长率	同比合同总额的增长比率	（当期合同额/上期合同额-1）×100%	财务报告
	回款率	回款占合同额的比率	回款额/合同额×100%	财务报告
	毛利率	公司毛利与营业收入的百分比	（1-营业成本/营业收入）×100%	财务报告
	成本控制率	成本实际发生额与计划成本的比例	（实际成本/计划成本-1）×100%	财务报告
	期间费用率	三项费用占据营业收入的比例	期间费用/营业收入×100%	财务报告
	资产周转次数	公司在一定时期主营业务收入与平均资产总额的比率	营业收入/资产平均总额	财务报告
	应收账款周转次数	衡量应收账款的利用效率	营业收入/应收账款平均余额	财务报告
	存货周转次数	公司在一定时期主营业务收入与存货的比例	营业收入/存货	财务报告
	市场份额	公司在行业总体收入上所占的比例，衡量公司在行业中的地位	公司收入/行业总体收入	财务报告
	资产负债率	衡量债权人所提供的资本占全部资本的比例，反映公司的资金来源构成和财务杠杆水平	负债总额/资产总额×100%	财务报告
	流动比	衡量公司的短期偿债能力，还可以考核速冻比，但是现在对于公司该指标并不重要	流动资产合计/流动负债合计×100%	财务报告

续表

编号	KPI 指标	指标解释	评分计算方式	信息来源
	结算周期	验收到结算手续办结之间所用的时间	(平均办理时间/要求时限-1) ×100%	工作记录表
	平均利润率	衡量平均盈利能力	平均利润合计/平均收入合计×100%	财务报告
组织类	员工流失率	辞职员工占单位时间内员工总数平均值的比例。员工流失率一般控制在8%～18%比较合适	辞职员工总数/单位时间内员工总数平均值×100%	人力资源统计表
	培训覆盖率	反应在一定工作周期内员工参加公司组织培训的人员范围，也是实施培训的影响面。这里的影响范围可以定义为公司全部人数，也可以是定义为应培训人数	培训人员总数/单位时间内员工总数（或公司应培训人数）平均值×100%的人数	培训统计表
	员工满意度	衡量公司员工通过感知对公司整体的满意状态	员工评级分数	员工满意度调查表
	设计人员比例	设计人员数量占全体人数的比例，一定程度上反映公司的设计能力	设计人员总数/单位时间内员工总数平均值×100%	人力资源统计表
编号	**GS 指标**	**指标解释**		
编号	**一票否决**	**指标解释**		
	发生重大安全事故	出现重大事故、给公司带来重大风险或导致人员伤亡及财务损失等情况		
	发生重大经营事故	因我方原因未能如期完成，并遭到甲方的严重批评甚至引起法律纠纷并败诉的情况		

表3-2 营销部门指标库

编号	KPI 指标	指标解释	评分计算方式	信息来源
	合同额增长率	衡量企业重要的经营业绩的指标	(当期合同额/上期合同额-1) ×100%	财务报告
	回款率	衡量公司合同款回收情况，考察跟进客户的管理能力	回款额/合同额×100%	财务报告

续表

编号	KPI 指标	指标解释	评分计算方式	信息来源
	毛利率	公司毛利与营业收入的百分比	(1－营业成本/营业收入)×100%	财务报告
	平均利润率	衡量平均盈利能力	average(利润率)	财务报表
	平均材料损耗率	衡量对成本控制的管理能力，材料使用的合理与优化能力	average(实际耗用材料/实际到场材料×100%)	财务报表
	验收一次通过率	衡量管理水平的重要指标，对于现场每一次验收是否一次通过(可以拆分成每个节点的验收来考核)	一次通过次数/全部验收次数×100%	工作记录表
	内部员工培训量	管理中心制定人员培训的需求计划，人力资源部协助实施	人均培训课时	培训记录表
	客户满意度	衡量客户通过感知对公司整体的满意状态	调查问卷分数	满意度调查问卷
	部门费用控制	部门费用控制在预算成本之内，衡量部门对预算计划的编制能力和运行中的控制能力	(部门预算费用/部门实际费用－1)×100%	财务报告
编号	**GS 指标**	**指标解释**		
编号	**一票否决**	**指标解释**		

(二) 指标库和绩效合同设计

指标库的设计分别由哪些人来完成？一是咨询公司或者人力资源部，二是被考评对象的直接上级，三是被考评对象本人。这三种角色在设计指标库的过程中，应该怎么样进行分工合作呢？

1. 指标库

设计指标库的主要责任人应该是被考评对象的直接上级，他应该有明确的思路，知道下属这一阶段的具体工作职责，负责制订指标库和绩效合同。人力资源部门是教练，是专家，是支持者，主要是发挥顾问的作用。人力资源部通过提供专业的知识，来帮助被考评对象的上级，比如提供一个考核表，做一些方法上的培训。指标库制订完之后，后期还需要不断完善，指标库的维护和更新仍然以直接上级为主要负责人，人力资源部充当顾问。

2. 绩效合同

绩效合同的制订与指标库制订的流程类似，但是有一个难点：绩效合同要根据当前公司的战略目标、被考评对象的工作重点和流程中的关键管控点来制订，既要设定指标，又要设定这些指标的目标值及权重。对被考评对象的直接上级来说，有两个方面需要注意：第一，下属干什么就考核什么，也就是说指标来自于岗位的职责。第二，自己重视什么就考核下属什么。这句话的含义是，作为上级，要知道自己的上级考核自己的重点，然后再把上级考核自己的重点工作，根据下属的不同职责进行分解。

有人会觉得绩效指标难定，那是因为不理解，如果理解的话其实很简单，上级不用对下属说的那么抽象，只需问他一个问题："这一阶段你的工作重点是什么?"下级将工作重点进行排序，上级在每项工作重点中加入相应的目标值即可。

人力资源部在指导各级管理者定指标的时候，不要把它学术化，不要用一些很高深的专业术语来给大家讲，实际上把专业的术语通俗化了才是专业的。

将阶段工作重点或者季度工作重点列完了之后，上级与下级进行确认，这样你的指标库就形成了，绩效合同也就可以签订了。

（三）绩效管理的主体

绩效管理的主体根本就不是人力资源部，而是各级管理者。人力资源部是帮助他们来做，而不是责任的主体。

记得笔者十几年前在讲绩效课的时候，来的学员清一色的都是HR。但是现在在全国各地讲绩效课、薪酬课及组织结构设计和人力资源课时，发现非人力资源部门来的人很多，多数情况下超过人力资源部的人。很多企业做内训，把董事长、总经理和各个层级的管理人员都召集起来，这就对了，本来就应该是这样，因为绩效管理本身是一个战略问题，不单纯是人力资源的问题。

二、试运行

绩效管理系统设计完了之后不能马上就用，而要试运行。试运行在绩效管理中通常要解决七个方面的问题。

第一，绩效管理实施办法的理解及完善。检验一下我们的绩效管理制度和实施细则有没有不完善的地方？怎么样结合企业的特点使之更加有效？

第二，学会签署“合同”：定指标、定标准、定权重。通过试运行让各级的管理者学会签订绩效合同。在绩效管理的过程中，企业非常容易犯一个错误：HR 帮各部门管理者写指标。HR 对部门情况不是最了解的，是提炼不出指标来的，所以 HR 要当教练，用专业知识来指导管理者，让他们学会定指标、定目标值、定权重。

第三，通过试运行，让大家理解绩效管理的战略支撑价值。在绩效管理的过程中，作为管理部门的人力资源部要明白，绩效指标是用于支撑战略目标的。如果员工都知道通过绩效管理促成了战略目标的达成，那么员工的投入程度和所获得的效果是不一样的。

第四，数据准备，信息收集。数据对于当前的中国企业管理来说是一个软肋，因为我们没有真实的完整数据。

某些企业里有不少员工有意或者无意，善意或者恶意地提供一些对他有利的数据来影响上司，甚至掌控上司。上级有很多决策是根据下级提供的汇报来制定的，上级基本不知道下属汇报的数据是真还是假，是部分还是完整的。只不过，有的下属汇报时出于善意，觉得要故意强调某一个方面的信息和数据才对公司有好处，有的则是恶意。所谓恶意，是指出于对自己的保护或者想打压另外一个人，向上级汇报时故意漏掉一些或者夸大一些信息。

企业要想正确地管理，数据一定要真实和完整，而通过试运行可以建立起一套收集和汇总数据的系统。

第五，文化认同。绩效考核是一种激励文化，激励既有正激励也有负激励，所以激励一定会带来竞争，也会带来压力，而这种文化的形成，需要员工有一个接受的过程。在试运行阶段，要搜集数据，打出分数，做出运用考核结果的方案，通过这个过程让大家心里有个接受预期。比如某人的考核结果不太好，他就会想自己这个月的绩效薪酬是不是要被扣减？这时他是有压力的，就会琢磨下个月应该怎么努力。

如果我们不试运行，而一开始就运行，员工在面对上述问题时是不能接受的。如果不能接受就会想办法折腾，一折腾对公司来说就要付出成本，也会破坏公司的文化氛围。因此，建议试运行三到五个月，甚至半年多的时间都是有必要的。

第六，定性指标，学会评价下属（打分）。不要指望所有的指标都能够量化，我们没有这样的管理基础。定性指标怎么去打分？试运行就是一个训练和纠偏的过程。

第七，改变工作习惯：计划－实施－考核－诊断与提升。没有施行绩效考核的时候，我们工作是粗放的，施行绩效考核之后，在每一个考评周期之前要签订绩效合同、做绩效计划、给出实施举措，过程中要收集数据，还要沟通、面谈、反馈、打分。

如果一个月考核一次的话，很多人会不习惯，当不习惯的时候，就会想方设法去找理由，要么说考核系统有问题，要么觉得麻烦，要么认为企业不适合实施绩效管理，而通过试运行，可以让员工形成习惯。很多企业绩效管理失败，是因为没有试运行而直接开始运行。

三、正式实施

（一）正式实施的五个环节

这五个环节是我们绩效管理试运行和正式实施过程中都必不可少的，如图 3－1 所示。

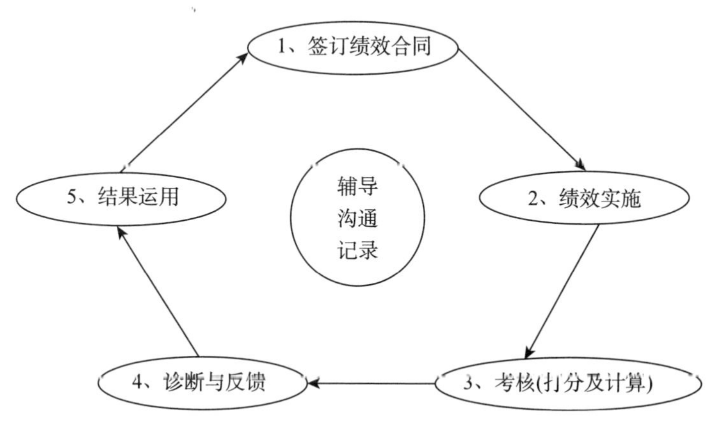

图 3－1　绩效管理正式实施的五个环节

（1）**签署绩效合同**。绩效计划的制订从公司的最高层开始，明确公司愿景和战略目标，确定总经理指标，然后将绩效目标层层分解到事业部及部门，最终落实到个人，并签署绩效合同。

（2）**绩效实施**。管理者对员工的工作进行指导和监督，为员工提供必要的辅导，协助其共同完成工作、提高工作质量，并根据实际情况对绩效计划进行调整。

（3）**考核**。对被考核人的工作业绩做评定。考核的时候，定量考核指标的分数是计算出来的，而定性指标的分数是评出来的。

（4）**诊断与反馈**。以企业战略目标为指导，对绩效考核体系本身和员工的工作绩效实施有针对性的改进。绩效管理对于个人来说，是能力的提升和绩效的改善，我们要把它变成一种文化。

（5）**考核结果的运用**。考核结果的运用，是根据制度来的，是整个绩效管理实施的一个环节。在进行绩效改善的时候，应该有一张有关绩效改善的表格，如表 3－3 所示。在绩效管理的过程中发现问题的时候，都可以通过表 3－3 来进行分析，将分析结果作为工作的一个指导。通过绩效改善表，让公司的管理者和被考评对象明白，绩效改善的目的就是为了提升。绩效改善表，是企业在进行绩效管理过程中一个必备的工具。

表 3－3　绩效改善表

编号	问题发现	产生的不良影响	问题原因分析（5M 因素）	解决思路	解决时间	负责人	相关配合人	需要的资源	关键点/难点	备注
1	交货延误		人							
			机							
			料							
			法							
			环							
2	次品率高		人							
			机							
			料							
			法							
			环							

续表

编号	问题发现	产生的不良影响	问题原因分析（5M 因素）	解决思路	解决时间	负责人	相关配合人	需要的资源	关键点/难点	备注
…										

注：“5M 因素”分析包括人、机、料、法、环 5 个方面。“人”指的是造成问题产生人为的因素有哪些；“机”通俗一点就像战斗的武器，通指软、硬件条件对于事件的影响；“料”就如武器所用的子弹，指基础的准备以及物料；“法”与事件相关的方式与方法问题是否正确有效；“环”指的是内外部环境因素的影响。

（二）正式实施后的流程说明

正式实施之后的绩效管理流程，如图 3－2 所示。

	确定工作任务指标	执行工作任务	考评评价	绩效审核	绩效面谈	考评申诉
被考评者	进行任务沟通，确定工作任务	执行工作任务	周边绩效自评		确认考评结果，绩效改进计划	提交考评申诉
考评者	进行任务沟通，确定工作任务	进行过程监控任务变更记录	进行综合业绩评价		进行绩效面谈，提出改进计划	协助考评结果复核
人力资源部	绩效管理组织，技术支持	绩效管理组织，技术支持		汇总考评结果	反馈并存留考评结果	反馈并存留考评结果
民主管理委员会						复核考评结果
考评委员会				考评结果总体控制		考评结果复核总体监控

图 3－2　绩效管理正式实施后的流程

说明：

1. 第一列为参与绩效考核的五个角色，考核者和被考核者是绩效合同签订的主体。

2. 执行期间，被考评对象要继续完成他的工作，考核者进行考核的数据搜集与辅导等。

3. 考评评价期间，上级主要从事定量定性指标的计算和打分。

4. 上级打完分之后，下级如果有不满，就可以进行申诉和审核。审核通过之后，才能形成结果。

5. 绩效面谈：后文专题介绍。

6. 如果被考核者还是不满意，或者不愿进行绩效面谈，可进行考评申诉。

（三）指标库和绩效合同的差异

在绩效管理的实践中，指标库和绩效合同是花费时间最长的。指标库和绩效合同在概念上有什么差异？

首先，指标库指的是被考评对象所有可能考核指标的集合，把这些指标放在一个表里面就叫指标库。绩效合同只是当期为了实现战略重点，针对各个考评对象的考核指标。

其次，指标库里面不包括目标值，但是绩效合同里面必须要包含目标值。在绩效合同制订的过程中，目标值的确定是一个难点。

最后，指标库里面不含权重，而绩效合同里一个重要的内容就是要确定权重值。被考评对象既包含部门也包含岗位，在制订指标库的时候，并不关心目标值是多少，也不关心权重是多少，指标库制订好之后，它的考核指标内容也并不完整，所以绩效合同的重点是在指标值、目标值和权重上。

【深度学习 3】绩效考核，考什么

一、什么样的企业是好企业

什么样的企业是好企业？

这一看似简单的问题，其实并不是几句话就能回答清楚的。因为，站在不同的角度看待它，会得出不同的结论。

（1）**老板**心目中的好企业，一定是“赚钱的企业”，如果企业不赚钱，当然就是不好的企业（企业开创初期例外）。对于这类不好的企业，老板会想尽一切办法让企业赚钱，使它变成好企业。对于实在没办法赚钱的企业，老板只好将企业卖掉或者关门大吉。当然，在企业开创初期可能不赚钱，这是正常的，但是一旦正常运转，在老板心目中，毫无疑问它就是要赚钱。所谓赚钱就是要有利润，有一个比较高的投入产出比。

（2）**员工**心目中的好企业，一般是待遇好，收入高，发展前景广阔，有较多的培训机会，工作环境舒适，企业文化氛围好，工作起来很开心，自己的才华能够得到施展。

（3）对企业**管理者**来说，有自己的平台，能够不断往上晋升，在晋升的同时收入也增加。

（4）**社会及政府**心目中的好企业：提供大量就业机会，并且遵守劳动法规（劳动部门）；纳税记录好，纳税额大（税务局）；没有污染，环境保护、绿化等做得好（环保局）；做公益事业。

（5）**消费者或者客户**心目中的好企业一般指：产品质量好，品牌好，售后服务好，价格有竞争力。

（6）从**供应商的**角度看，能否持续下订单？订单量大不大？增长情况如何？付款是否及时？

（7）从**国家的**角度看，国家需要什么样的企业；在外国人眼里，它代表什么。

（8）从**社会**的角度看，社会的需求是什么样，企业是否跟社会需求匹配。

不管是纳税、环保，还是员工待遇、及时付款，其实只要我们站在各个不同角度来看同样一家企业，便自然会得出不同的结论。同时，我们也发现一个现象：不论你是站在何种角度，要想评价出一家好公司，都要有一个先决条件——这家公司一定要赚钱。试想，如果公司不赚钱，如何给员工提供好待遇？如果公司不赚钱，如何纳税？如果公司不赚钱，怎么给供货商及时付款？如果公司不赚钱，又怎么投入人力、资金去研发新产品？

其实所有的一切，企业赚钱是基础，是保证一家企业是好企业的先决条件。

什么是赚钱？简单来说，就是盈利，获得高利润。当企业有利润，利润额、利润率比较高，或增长比较快时，一般认为这就是好企业。这就引申出利润问题，那怎样保证利润？

我们先弄清楚什么是利润，先看下面的公式：

利润＝销售收入－产品成本－各项费用（制造费用、销售费用、财务费用、管理费用等）－税金

我们可以得出，要想获得高利润，既要提高销售收入，同时又要尽量降低成本，并减少制造费用、销售费用、财务费用等支出。

企业如何才能提高销售收入？首先，要保持原有的客户，还要吸引、开发新的客户。这就要保证客户不断地采购，并且还愿意介绍新的客户，这样企业的销售量才会不断增加。那客户为什么愿意不断地采购我们的产品呢？因为我们的产品质量好、价格公道、交货及时、服务到位……也就是说，要想有好的销量，就要保证这些过关。

如何保证？生产要做好、购买的原材料要好、设计要好、运输要好、包装要做好、储存要好……任何一个环节都做好，才能保证产品质量上乘、价格公道、交货及时、服务到位。

那又如何才能把生产、采购、设计、运输、包装、储存等都做好？这就要求企业有一套很好的管理制度、管理流程，并要求每一个制度、流程要高效、责任明确到位。

那是不是有一套很好的制度和流程，就一定能做得很好呢？这只是一个先决条件、必要条件，但不是充分条件，企业还必须要有好的员工——高素质的员工、高素质的团队、高素质的干部。这个“高”指的是能够跟公司匹配的能力，而不是追求高学历的“高”。员工能够恰到好处地把工作完成，这就是“高”。

如何衡量一家企业，我们知道用“利润”。把利润分解之后，我们也随之发现，当要求把所谓的各项工作制度、工作流程做好，把企业的生产、采购、设计和销售等各项工作都完成好时，其实，就已经提出了对生产部门、采购部门、研发部门和销售部门等各个部门的要求。我们对这些部门及其员工进行考核，而考核的内容，无非就是看每一个员工是否在为“让企业成为一家好公司”做贡献。如果他做出了贡献，他的考核结果就是好。

实际上，为了让公司完成“赚钱”这个目标，每一个人、每一个岗位都会有他的职责、任务，并且这些职责和任务是直接或间接为“赚钱”服务的！如果没有为这个目标服务，那这个岗位就不应该设置；如果员工的工作没做好，那么这个人的表现就不好。这就是绩效考核，考核员工本职工作做得如何？应该完成的任务完成得如何？

当我们设计考核指标时，应不仅仅考虑企业的利润问题，还要考虑其他因素，下文会通过一个案例来说明。

二、如何评价员工的优劣

在企业做绩效考核的时候，经常会发生这样一种情况：考核结果一出来，大家认为不错的员工，考核结果却很低；大家认为不怎么样的员工，考核结果反而很好。

出现这种情况，可能有很多原因，比如考核者主观、凭个人好恶，那考核者为什么会凭主观、个人好恶给出不同的结果呢？这可能跟个人、人际关系有关，也有可能考核者觉得大家认为不怎么样的员工在某些方面就是好。

我们平常评价一个员工优劣时，不同的人也会有不同的标准：有的人是站在企业的角度来评价，有的人是从技术角度来评价，有的人是按人际关系来评价，有的人是从执行力、遵守制度来看。这些不同标准往往会导致这种情况：某某人觉得这个员工不错，但考核的结果不一定很高。就是说，公司评价员工是另外一个标准，那考核指标到底怎么定？

站在公司的角度来考核某位员工，标准只有一个：**看他对公司的贡献如何**。如何衡量他对公司贡献的大小呢？就要**看他完成任务的程度如何**。如果任务完成得非常好，站在公司的角度，他就是一个好员工。

以财务经理为例，站在公司角度，他就是卡预算、压低费用的。有一个员工去报销一笔可报可不报、打擦边球的费用，财务经理会说："这怎么能报呢？"这个员工就会私下说："这个臭小子，就他是公司的人，我们都不是，什么东西。"他的结论是财务经理不好！站在公司角度看，财务经理是一个好员工，如果让这个人来评价财务经理就不合适了！

绩效考核的目的是为了公司实现战略，所以考核员工到底好还是不好，绩效成绩如何，就看他工作任务的完成情况。对员工实行有效的绩效考核，有一个前提：建立起相应的任务分配、责任体系。任务要分配得合理、科学，然后再看员工的任务到底完成的如何。

我发现，很多企业不是这么考核员工的，他们把工作态度、工作能力、业绩混在一起考核，并且在制定考核标准时，全公司上上下下都是一个标准。工作能力不是绩效，是另外的体系，通过人事测评，基于素质模型实施考核。工作态度是很模糊的东西，当无法用这些模糊的东西衡量时，作为一个考核者，他就会凭主观，需要把这些定性指标定量化。我们在定指标时，被考核者干什么，他的职责是什么，考核者就考核什么；公司重视什么就考核什么，这样才能把公司重视的事变成员工的行动。

曾经在给一家客户企业做完内训后，公司安排司机送我们回家。那位司机在半路上接了几个电话后，绕了个大圈去接他的一些私人朋友，耽误了我们不少时间。像这个司机，要怎么考核？

公司要客观考核，则要制订一些客观描述的考核表，而不是依据考核者的主观意识。另外，何时发放考核表也有讲究。假如这家公司就司机考核一事征询我的意见，在事后发邮件给我，我不一定愿意回，因为那会占用我的时间，那考核表怎样才能收集到意见？比如上车就给乘客发一张表，让乘客填写：司机几点离开公司？几点下楼？见面时有没有问好？你等待有多长时间？走的路线如何（有没有经过××路）？路上带人了吗？有没有问你应该在哪里停车？下车的时候停在你家门口吗？有没有为你开车门？有没有超速行驶？中途有没有去加油？走的时候有没有面带微笑说再见？中途颠簸时有没有提醒你？等等。这些就是司机的工作规范，就是他的考核指标，也是考核数据来源。

所以，考核的前提就是要制订这些工作规范，没有这些规范、工作任务，拿什么来考核呢？缺乏工作规范，是目前国内服务行业的一大共性，要做好绩效考核，必须完善工作规范，否则绩效考核考评什么？

第四章
考核主体与考核对象

一、通常情况下的考核对象

一般情况下，考核的主体主要是被考评对象的直接上级，考核对象从理论上来说是所有人，从总裁到下面的员工。但是，在实际操作过程中，考核一开始可以稍微简单一点。

考评是分层次的，通常是上级考核下级，由上级同下属签订绩效合同。有些企业的绩效考核是循序渐进的，开始实施的时候可以只考核到部门经理。部门经理的绩效奖金和综合效益奖根据绩效考核结果发放，部门经理要更多地关注下属的绩效改善，保持下属的薪酬方案不变，实施一段时间后，再推行到全员。

集团公司的考核。集团公司通常会有事业部或者子公司，对事业部和子公司一般有两种考核方式：第一，先考核到子公司业务单元的总经理，或者总经理和副总经理，然后再往下；第二，在事业部里面，可以先选择一个事业部做试点，考核到每一个部门的每一个岗位，然后在其他的事业部进行推广。

至于集团公司总部的考核，被考核的主体通常是总部的总监，比如集团公司行政总监、人力资源总监或者财务总监。考核的主体通常有两个：一是直接上司总裁或者分管副总裁；二是事业部和业务单元的老总，或者是一些与业务单元对应的部门。

二、特殊考核对象

（一）民企董事长兼任总经理的考核

对于民营企业董事长兼总经理的考核，很多人都觉得难。为什么难？因为他没有上级。通常民营企业的董事长也是大股东，但是我们要明白，我们考核的对象是总经理这个岗位，而不是这个人。

有人会说：“董事长是大股东，而且兼了总经理，他本人在工作中是不会偷懒的，所以不存在积极性方面的问题，为什么还要考核他?”事实上，绩效考核解决的不仅仅是积极性的问题。

首先，总经理的指标承载了公司的战略目标，他的工作重点一定要和公司的战略重点相一致。其次，总经理的日常工作职责是不可或缺的。很多董事长兼任总经理以后太忙，结果总经理的工作基本缺位，导致企业产生了很多问题。所以，总经理一定要考核，那要怎么考核呢？首先要清晰界定身份，将董事长、总经理和大股东的身份在公司的章程里进行规定和说明。其次，对他的权力和义务进行规定，以此为考核的依据。

（二）国企董事长和总经理的考核

有的国企董事长、总经理，甚至有的副总的考核，是由国资委或上级集团进行考核的。由于这些考核指标是在实际考核之前就已经确定的，所以在实际运用中会有一些问题，这时候怎么办？

当考核指标有问题时，我们就不能通过或分拆或分解或平移的方式对董事长、总经理进行考核，而要有一点区别。一方面，对总经理、董事长的考核要符合国资委或上级集团的考核标准；另一方面，还应该有另外一套符合每家企业实际情况的考核指标，要有所区别对待。有的企业在遇到考核标准有问题时就争论不休，其实不用争论，确定两套标准就好了。

（三）如何考核部门员工

当部门也是考核对象的时候，就会存在一个问题，有的部门绩效结果好，有的部门的绩效结果不好，那么，部门考核结果出来后，部门内部员工的考核分数如何计算呢？

部门员工的考核分数，有几种处理方法，如表 4 - 1 所示。首先，是部门领导，如部长、经理、总监。

第一种是把部门的绩效分数和部门领导的分数等同，将它简单化。这种方法要有一个前提，就是，部门领导本人不承担具体的工作，完全是部门的管理者。举例，如果销售部门的人员有几十个，部门领导本人不承担具体的销售工作，纯粹就是帮助下属开展工作，这个时候，我们就可以认为部门的工作优劣及是部门领导的优劣，这种情况下，部门的考核结果就是部门领导的考核结果。

第二种处理方法，就是做一个权重的切割。比如部门领导的个人除了做部门领导工作以外，还承担了一些具体的工作，就是说，部门领导本人的工作分成两部分，一部分是领导本人的具体工作，另外一部分的工作是部门的管理工作，那就可以根据他承担的工作量的具体情况切割他们的绩效考核权重。如果本人的具体工作做得比较少，例如占了他的工作量的30%，就可以在计算他的总体考核分数时，个人考核分数占30%的权重，部门的分数权重则为70%，这两者相加作为这个部门领导的最后分数。

第三种是将个人的得分系数乘以部门的得分系数，比如个人综合得分系数是0.8，再乘以部门的得分系数0.8，那么0.8乘以0.8等于0.64。如果个人综合得分系数是0.8，但是部门的得分系数是1.2，就是0.8乘以1.2等于0.96。

其次，是部门内其他员工。他们考核分数的处理方法一般是个人得分×部门得分。

表4－1　部门员工考核分数的几种处理方法

部门领导	1. 等同
	2. 权重切分：个人分数×权重30%＋部门分数×权重70%
	3. 个人得分×部门得分
部门内其他员工：个人得分×部门得分	

三、考核主体组合与权重安排

最常见的考核主体有这几种情况：第一是本人自己考核，本人给自己评分；第二是直接上司进行评分；第三是上级的上级进行评分；第四是由其他主管部门，如人力资源部、战略管理部进行综合评分。在此，我们简化一下，分成三种情况：第一种是本人，第二种是上级，第三种是上级的上级。

那么为什么要在实际操作中这样安排，它们的优劣势是什么？本人评分的优势是让评分人对自己有一个认识。上级评分的优势是相对客观，尤其是一些主观指标，劣势是上级心理上出于对下级的顾忌影响评分。上级的上级评分一般有两种处理方法：第一种是按权重，如上级的权重为70%，上级的上级权重为25%，本人权重为5%；第二种是直接在原有的评分基础上，给上级的上级一个修订的评分范围，比如可以在正负20%的范围内进行修改。

什么情况下要上级的上级考核，考核的作用又是什么？一是监督；二是让上级的上级了解下面各个部门的情况；三是统筹，有的时候我们会发现一个上级对他下面各个部门的评分标准和松紧程度不一样，在这种情况下，如果上级的上级不进行统筹，可能会出问题。虽然有的时候不是通过上级的上级，而是通过专业的职能部门，如人力资源部、企管部、企划部或战略管理部，都是要发挥综合平衡的作用。

以上是讲考核主体，那么权重怎么考虑呢？假如本人的权重为10%，上级的权重为70%，上级的上级权重为20%，如果要调整这个比例，该怎么调？上级的评分权重可以再调高一点，本人的评分权重可以调低一点，因为本人的评分权重某种程度只是个象征。还有一种是直接在原有的评分基础之上，给上级的上级一个修订评分范围，在一定幅度内做一些修改。

在绩效考核的时候，除了本人、上级或上级的上级这种纵向的考核之外，还有一个是服务对象的考核。有的时候纵向的权重加起来是80%，横向权重为20%。在考核时，既有指标的权重，也有考核者的权重，所以我们在设计的时候，要把这些因素考虑进去，至于企业用还是不用，要根据企业的实际情况。

一般来说，横向考核有两种：一种是根据内部价值链上下游的关系进行考核，下游考核上游；另一种是针对集团公司总部职能部门的考核。例如，某集团的培训中心下面有25个事业部，那么培训中心的总经理或者主任的考核，就可以把总裁或者分管副总的考核结果所占权重设低一点，而25个事业部领导的总评分权重高一点，这就是要告诉培训总经理，要好好地为各事业部提供服务。

作为HR，我们要明白这些方法背后的原理是什么，这样我们在设计的时候，就游刃有余，可以随意调整。

有一些公司在部门设计的时候，会把人力资源部和培训中心拆开，比如服装企业、零售企业和连锁零售企业，那么什么类型的企业适合把培训中心和人力资源部分开？员工数量非常多，分散在全国各地且培训量非常大的企业，可以分开，成立一个独立的中心。

第五章
考评周期如何设置最佳

一、成果达成周期决定考评周期

考核周期怎么设？理论上说，考核周期的决定因素是工作成果的达成周期。因为操作层员工的工作成果周期很短，所以，他们的考核周期也就很短！

记住原理性结论：工作成果的达成周期，决定了考核周期。根据这个原理，不同的职系，如研发、销售和生产等周期不同；另外，不同的层级，如高层、中层和基层的考核周期也不一样。

一般来说，项目的周期越长，考核周期就越长。当然，如果一个大项目的周期是三年，我们不可能三年考核一次，那怎么办？将项目切分成多个阶段，用项目管理的阶段作为考核周期。

销售人员、销售部门的考核周期有很大的差异，主要看销售的东西是什么。以汽车配件为例，我们知道汽车配件有两类：一类是给总装厂配套的配件，用于生产汽车：另一类是用于汽车售后市场的配件，主要是用在汽车维修保养上。一家给汽车总装厂做配套的汽车配件厂家，要获得总装厂的批量订单，一般要 2 ~ 4 年的时间。总装厂一开始只给汽车配件厂家一次试样的机会，然后，让它做各类质量和安全认证，小批量地试用，三四年之后，才正式下单。这样的销售周期都很长，考核就比较复杂，考核周期通常也要分成很多段。但是，假如是卖汽水、卖电脑消耗材等快消品，这些东西的销售周期就比较短，考核周期当然也短。

人事、行政、财务、后勤、法务、品牌和文化等部门，以大量的日常服务工作为主，这种部门的考核周期怎么设？一般我们建议按照月度进行考核。那么，年度的总绩效又该怎么考核？如果考核周期是按月的话，有三种方法：第一种方法把 12 个月的绩效加起来除以 12，平均一下；第二种方法是设置权重，把企业重视的月份的考核权重设置高一点，把不重视的月份的权重设置低一点，做加权平均运算；第三种方法是在年终再考核一次。如果年终再考核一次，就存在一个问题，就是年终考核的权重和前面12个月考核的权重怎么安排？企业在设计制度的时候要考虑。

我们再看看不同层级的考核周期：经理的考核周期一般是半年或一年，总监的考核周期通常是一个季度，而很多职能部门经理和员工的考核周期是一个月。

考核周期也要根据不同的业务形态有所调整：业务比较稳定的制造业、服务业，事业部总经理的考核周期可以和集团总裁的考核周期一样，一季度或半年考核一次；总部总监的考核周期可以按月或者季度；而工程类的企业，由于其业务不稳定、波动大且周期长，因而考核周期一般比制造业长。

注意：一般而言，大企业中高层管理人员的考核周期，通常是按季度或月。例如，一家上千人的企业，总监的考核周期为季度好一点，总监下面部门经理的考核周期为月度。

二、一般的考核周期

我们发现考核周期一般是一个月或者是月的倍数，例如，季度、半年、一年，为什么会这样？有三方面的原因：第一，绩效考核的结果跟薪酬挂钩，而薪酬的发放周期是月；第二，企业财务报表的制作周期是月，而大量的财务数据就是绩效考核需要的数据；第三，政府或者股东等的报表周期是按月制作。

如果绩效考核是一个月考核一次，而考核结果的运用，如绩效薪酬的发放是一个季度一次，那么就有两个周期，即绩效考核的周期和考核结果的运用周期。这两个是不同的周期，但是有联系。

考核周期和考核结果的运用周期主要是针对绩效奖金的发放，两种周期有几种不同的组合方式：第一种，按月考核，但是按照季度或年度发放一次绩效薪酬；第二种，按季度考核，每一个季度发放一次绩效薪酬；第三种，按季度考核，但是每个月先预发一部分绩效薪酬，到季度末的时候再统发一次；第四种，按月考核，每个月发一次，年底再发一次，如每个月发 60%，年底再发剩下的 40%。这几种组合的原理是：绩效考核既要考虑被考核人的生活状况，又要考虑整个企业的效益情况。

三、绩效考核数据的搜集

多数人有一个误区，认为考核周期短，工作量就大，考核周期长，工作量就小。因此，不少企业的考核周期就发生了变化，开始的时候是按月考核，后来就变成了按季度考核，再后来干脆按年度考核，并且都是在应付。出现这种情况的原因是，他们的绩效考核方法根本就是错误的，错在没有做收集考核数据的工作。正确的做法是，无论考核周期多长，都必须及时收集完整的、真实的考核数据，没有做到这一点，绩效考核的评分（定性指标）或算分（定量指标）都没有依据，都是某种程度上的应付（自欺欺人）。

事实上，在设定考核周期的时候，不管周期多长，都必须随时收集绩效考核数据。数据不可能到考评的时候再来搜集，应该随时记录。很多企业考核失败的原因，就是没有随时记录数据，等到考核的时候再来回忆，数据的真实性就要打折扣，而且这个打折扣的程度往往受数据搜集者个人利益和偏好的影响。因而，数据的记录要随时，这个非常重要。

对所有的考核指标随时检查执行情况，制订检查结果记录表，我们称之为绩效台账，建立绩效台账是收集数据最有效的方法。随时检查，随时收集数据，有的指标每天要收集很多次数据，有的指标几天才收集一次数据，这些才是绩效考核中工作量的主要来源。所以，无论是按季度考核还是按月度考核，考核的工作量基本没增加。

中国的企业管理人员，比起发达国家的企业管理人员，精细化的意识淡漠，精细化的投入不够，既没有建立绩效台账的概念，也不愿意在数据收集上花精力。实际上，绩效考核数据的搜集工作对于任何一家企业来说，都是非常重要的。在竞争激烈的今天，当对手们都在使用信息系统提升企业竞争力的时候，任何企业要想生存，企业的经营、管理都必须要有数据支撑，即使不做绩效考核也应该有。

对于一家重视数据收集的企业而言，建立绩效台账，随时收集企业经营中的各种数据，随着时间的推移，数据会越来越完整。我们进一步展开设想，如果一家企业实施了信息化，数据全都在计算机里，也就无所谓考核周期是按月还是按季度，数据一输进去，考核分数就出来了。到时，数据采集的周期就是你的考核周期。

到这里，我们应该清楚绩效考核的工作量不会因为考核周期的长短而发生变化，工作量主要来自数据的搜集、采集。很多企业在开始考核的时候，就没有建立绩效台账，没做好基础工作，无论怎样，这样的绩效考核都是没有价值的。想通过拉长考核周期减少工作量，更是一种对绩效考核的逃避。

其实数据记录不麻烦，回忆才麻烦，不想回忆就得造假，造假还不如不考核。很多企业因为没有日常的数据记录，到时候又回忆不起来，只好蒙。既然自己都知道是蒙的，绩效考核的动力和效果就会大打折扣。

考核评分的过程就是一个根据收集到的数据进行决策的过程。根据决策模型，正确的决策有三个要点：

第一，决策者的动机是良好的、积极的，如我想把这件事做好。

第二，决策者的专业能力，如决定一个工程项目做还是不做，这个人力资源规划批还是不批，预算批还是不批。

第三，数据支持，信息必须对称。

首先，现实中我们往往对动机看得比较重，但动机只是解决了积极性的问题。其次，我们没有专业能力怎么决策？比如财务决策，如果没有财务能力怎么决策。对于 HR 也一样，一个不懂得绩效管理的人怎么批一个绩效方案？最后，当信息不对称时，我们会发现一种情况，就是下级左右上级。下级影响上级最主要的方法就是筛选信息，一旦员工发现上级不了解下面的情况，就会欺骗上级。不是他心思坏，他只是为了保护自己，并且是因为你的管理有问题，才给了他机会。

大家都说杰克·韦尔奇很厉害，他为什么很厉害？因为他了解下面的情况。杰克·韦尔奇做管理有一个很重要的方法叫“深潜”，就是潜伏下去了解情况。任正非说：“要把你的决策者放到能听得到炮声的地方。”什么叫炮声？就是了解下面的情况，了解一线的情况。

国内一家特别厉害的物流企业的老板为了了解下面的情况，每个月还要亲自去送次货，亲自去取次货。在中国企业做管理，你会发现最难的事是了解真实情况。广东一个身价一千多亿元的老板，发现他们新建厂房的一个角落有人在那儿小便，但不知道是谁干的。结果有一天开会的时候，老板就说是某某干的，底下人就特别奇怪，奇怪他是怎么知道的。其实很简单，他在一个很暗的地方，连续观察了三个晚上，记录了什么时间什么人。管理企业就是要知晓下面的具体情况，知道客户的情况，知道一线生产的情况。什么都不知道的话，怎么管？

数据搜集需要有系统的制度流程支撑，保证整个企业的运行过程都得到监督。有一些人嫌麻烦，不愿意收集数据，这是中国企业与发达国家企业间存在差距的主要根源。做管理一定不要怕麻烦，企业管理的过程就是一个“斤斤计较”的过程，精细化管理就是要“斤斤计较”。把数据都搜集全了，搜集完整了，管理起来就方便了。在信息化时代，粗放式管理的企业做不大、做不好。

数据的搜集是企业管理成败的决定性因素，对这个问题很多企业认识不足，说：“请给我们一个绝招，给我们一套方案，有了这套方案，就能改变企业了。”做企业要先搜集数据，就算有绝招，也要有数据做药引。有人说：“我们请的人力资源总监年薪50多万元，水平不够，设计出来的方案，我们企业执行不下去。”执行不下去，不是别的原因，是你连数据都没有，怎么执行？

【深度学习4】绩效考核中常犯错误及解决方法

绩效考核是企业管理工作中难度最大的工作之一。美国的一项调查统计显示，美国大企业对绩效考核系统的满意率在30%以内，这从另一个角度说明绩效考核工作的难度的确很大。那么，如何在绩效考核工作中少犯错误，提高绩效考核的绩效呢？我们先分析一下在绩效考核中常犯的错误，找出产生错误的原因，再试图提出解决的办法。

绩效考核中常犯的错误有：

（1）仅确定了绩效考核指标，但是，缺乏量化、明确的工作绩效评价标准。例如，我们对一个售后服务工程师的服务要求是“及时赶到用户现场”，并以此作为考核指标之一，这样的指标由于没有量化、明确的标准衡量，“及时”就变成了空话。因为在考评时，没有办法来评定“及时”是3小时还是12小时？如果没有客观的绩效评价标准，就无法得到客观的工作绩效评价结果，只能得到一种主观的印象或感觉，这是绩效考核中容易犯的第一个错误。如果把“及时赶到用户现场”改为“特区内，4 小时赶到用户现场；特区外，6 小时赶到用户现场，省内 12 小时赶到现场”，以此为基准，再确定“提前 20% 如何评判、延时 20% 如何评判”，就有了量化的考评标准，避免了主观的印象或感觉。

（2）工作绩效评价指标脱离岗位职责、脱离工作任务，指标的确定没有依据岗位分析，主观性太强。例如，有些企业在实施绩效考核时，为了图省事、省钱，就从书本上或者朋友处找来一些考核表格用，并没有对要考评的岗位实施岗位分析。考核指标同其工作目标、工作任务没有紧密的关系，绩效考核自然也就做不好。工作绩效评价指标应该由企业的战略目标分解而来，应当建立在对岗位工作进行分析的基础之上，只有这样才能确保绩效评价指标是与工作目标、工作任务密切相关的，这样的指标才有意义。

（3）工作绩效评价标准太高。很多企业的经理们在制订绩效考核指标时喜欢将指标制订得很高。例如，某企业产品开发部门，上一年度完成了 4 个新产品的开发，本来本年度完成 5 项新品没问题，完成 6 项几乎不可能，但是，在制订今年的目标时，制订者要求完成 7 项新产品开发。制订指标的人可能认为，指标制订的高一点会让员工有较大的压力，即使完不成，工作绩效也会高一些，再说，指标订的高一些，老板心里也会高兴，而确实有很多老板有意无意地鼓励制订高指标。

其实正确的指标标准应该是：多数员工努力工作可以实现，部分员工全力工作能够超出，极少数员工努力工作也实现不了，这样的指标才有激励性。大部分员工努力工作都实现不了的指标就是过高的指标，这样的指标不仅不能作为企业考评员工的依据，而且给企业带来很多危害。

- 反正大部分人都实现不了，我再努力也实现不了，干脆不用努力了。
- 暗示员工公司定的任务可以不完成，进一步引申为公司的制度也可以不用遵守，破坏了企业制度的严肃性。

• 公司制订的指标过高，会导致员工对公司的管理水平和管理能力产生怀疑，从而影响员工的信心。当然，指标低了也不行，只有那些合理的且具有挑战性的目标才具有最大的激励性。

（4）**工作绩效考核标准的可测量性太差**。绩效考核要求考核者根据绩效考核指标对被考核者的实际绩效进行评估，并且将其完成的情况与绩效考核标准比较，看看与考评标准有多大差距或者超出多少，这就要求我们的绩效考核标准要具有客观性和可比性。可以量化的绩效标准既包括数量上的标准，也包括质量上的标准，如每售出的1000件衬衫中只能有5件退货或每接到100个电话询问就必须能够售出30件产品等。如果可量化性不好或者无法量化，工作绩效考核就没有客观依据，只能凭借考核者的主观印象。

（5）**评价者的失误**。评价者的失误原因包括评价者个人的偏见、晕轮效应、近期效应、居中趋势及害怕出现敌对情绪等。在绩效考核中，由于考核者自身的一些问题，常常使考核结果出现失误，可以通过下面的方法解决：

• 加强沟通。人们往往习惯站在自己的角度依据自己掌握的信息，戴着有色眼镜看待他人，通过加强沟通可以降低评价者失误的程度。

• 持续培训。失误有时候是因为考核者自身不了解考评目的、方法、技巧等造成的，通过培训，使考核者深刻理解考评的目的，掌握考评方法，提高考核者的考评技巧，可以减少考核者失误，改善考评效果。

• 订立一套方便客观评估的绩效考核指标体系。如果考核指标本身不能客观评估被考核者，考核者们往往就容易凭主观感觉来评价，这样就难免出现各种失误。因此，订立一套方便客观评估的绩效考核指标是解决问题的关键，订立了一套容易客观衡量的指标体系，通常能较为彻底地解决评价者失误的问题。

• 员工的绩效考核指标应该同企业的战略目标融合起来，是企业战略目标的一种分解细化，这样企业的战略目标就能同员工的日常工作融为一体。这样做除了保证实现企业的战略目标外，同时，员工由于认识到本人的工作是实现企业战略目标的一部分，就会有更强烈的使命感、认同感，就会减少个人在考评中的对立情绪，从而减少考核者的失误。

（6）**绩效反馈不良**，主要表现几个方面：

• 公司的反馈政策、制度不健全，甚至根本就没有反馈制度。所以，也就谈不上如何反馈了。

• 反馈技巧、方式有问题也会导致反馈效果不良。有些管理者不具备较好的沟通能力，同被考核者谈话时，既不能把握谈话的氛围，也不了解对方的特点、状态、反应，当然也就不能有效地沟通。作为管理者，应该重视提高自己的沟通能力，同时，企业要加强对所有管理者沟通技能的培训。

• 反馈出发点有问题。有些考核者片面地强调批评或赞扬，使被考核者获得片面的反馈信息：要么觉得上司对自己评价不公，自己没有信心，觉得前途无望；要么沾沾自喜、盲目乐观，不知道今后如何改进。

• 反馈沟通时，没有以绩效评价标准为尺度，而是谈主观想法。绩效反馈应该以绩效评价标准为尺度，告知员工他的表现如何，这样做的好处有两个：一是进一步让被考核者了解他的工作目标，有利于今后工作的改进；二是让被考核者觉得考核者对他的评价是依据客观标准做出的，而不是考核者的主观评价，让他更容易接受。

• 消极地进行沟通。评价者或被评价者持一种消极态度，如固有的偏见、思维定式、防范心理，以及消极的、非建设性的态度和方法等进行沟通，使得绩效反馈效果不好。

第六章
考核结果的运用

一、四大经典运用

绩效考核结果四大经典运用如图 6－1 所示：

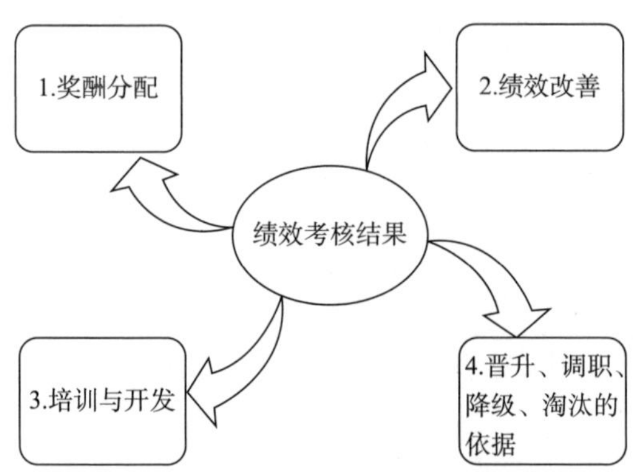

图 6－1　绩效考核结果的四大典型运用

（一）奖酬分配

绩效考核结果在奖酬分配上的运用，包括五个方面：

（1）绩效薪酬或者叫绩效奖金。一般绩效薪酬与绩效考核结果直接挂钩，而绩效系数的不同，直接影响绩效奖金。

（2）固定工资。每年调工资的时候，要根据被考核者的绩效情况来调整，比如，连续 12 个月考核为优的员工应该加两级工资，连续 12 个月为差的员工应该降两级工资。

（3）综合效益奖，如年终奖。综合效益奖的发放额度，要与个人绩效、部门绩效和企业效益挂钩，一般将这三个系数相乘。注意，专项奖不要和绩效挂钩，要建立它们各自的制度，如质量奖、引进人才奖、节约奖等。

（4）利润分享。例如，员工分红，包括利润分享方案，就是股东会决议从利润里面拿出一部分来分给员工，员工得多少要与他们的绩效考核结果挂钩。理论上说，拿出的这部分不算员工的薪酬，也不能算作公司成本，可以算是员工工作的回报。

（5）员工的股权期权安排。当我们在定股权和期权，决定给谁股权多，给谁股权少的时候，就要考虑他的绩效情况。员工持股多少可以从这几个方面考虑：第一，职位高低；第二，绩效优劣；第三，任职的期限。在股权设计的时候，既要考虑员工以前在公司的贡献，又要考虑未来对公司的价值。例如，从外面聘请的一个总经理，并没有在公司工作过，也可能给他一定的股份，一般而言，要将过去的贡献和未来的价值结合起来考虑。

某公司的绩效考核的结果运用如表6－1所示：

表6－1　绩效考核的结果运用－工资与岗位调整

考核对象	考核成绩	考核结果运用
普通员工和主管	半年中有2个E或3个D（含）以上	不考虑提工资
	半年中有3个E或4个D（含）以上	下调1级工资
	连续2个月为E	下岗培训或调岗并下调2级工资
	连续3个月为E	辞退
	其他结果	由人力行政部同部门经理商讨决定
部门经理（含）以上人员	一年中有1个E或2个D（含）以上	不考虑提工资
	连续2个季度有1个D和1个E或连续2个季度为D	调岗并下调1级工资
	连续2个季度为E	调岗并下调2级工资
	连续3个季度为E	降级为普通员工
	其他结果	由经营管理委员会商讨决定

要将奖酬分配的五个方面：绩效奖金、固定工资、综合效益奖、分红和股权期权如何确定写到绩效管理制度或实施细则里去。

绩效奖金与薪酬方案关系非常密切，我们给一个例子说明他们之间的关系。例如，绩效薪酬（又叫“绩效奖金”或“绩效工资”），到底应该给多少，由几个因素决定。

我们看一个薪酬方案，实施岗位绩效工资方案的收入结构是：

收入 = 基本工资 + 岗位工资 + 绩效奖金 + 专项奖金 + 福利 + 综合效益奖

其中：

（1）绩效奖金 = 标准岗位工资 × 浮动系数（例如 30%）× 绩效系数

（2）标准岗位工资是岗位评价后公司确定的该岗位的标准薪酬。

（3）浮动系数就是公司决定拿多少的比例作为绩效考核，比例高激励程度高，固定工资少。

绩效系数就是考核结果出来后换算出来的一个系数，如表 6 – 2 所示：

表 6 – 2　绩效考核得分等级划分及绩效系数对应表

绩效考核得分	(100，120]	(90，100]	(80，90]	(70，80]	(60，70]	(50，60]	⇒50
绩效考核等级	A	B	C	D	E	F	G
绩效系数	1.2	1.0	0.9	0.8	0.6	0.4	0

注意：绩效系数可以超过 1.0，另外，在实施年薪制的高管的薪酬方案中，绩效系数可以是 2 或 3。这个方案里，表中的绩效系数为 0，是在绩效考核得分小于或等于 50 分时。我们可以根据企业的需要调整这个阈值，例如，小于或等于 40 时，绩效系数为 0，就相对平和一些。

假如某标准岗位的工资是 1 万元，其中 30% 做绩效考核，就是说，用 3000 元做绩效考核。绩效奖金到底能拿到多少，由绩效系数决定。比如，绩效考核结果是 87 分，查表得到登记为 C，绩效系数为 0.9，所以他的绩效奖金就是 3000 元 × 0.9 = 2700 元。

岗位工资要根据被考评对象一年的绩效表现来进行调整，考核结果最优的员工工资可能会加一级，考核结果最差的员工工资可能会降一级，具体如表6－1所示。

综合奖、分红、股权期权的分配也要以绩效考核的结果为依据。具体的计算方法在企业的《薪酬管理制度与实施细则》中。

（二）绩效改善以及培训开发

绩效改善可以按问题发现、问题原因分析、解决思路、解决时间、责任人、相关配合人和关键点等流程进行。

不同的对象，绩效改善的内容不一样；考核结果最差的员工和最优的员工，其绩效改善关注的重点肯定不一样。

1. 对于绩效考核结果最差的员工

在进行绩效改善之前，要做的第一件事是与下属核实绩效结果并得到他的确认，这一步必须要做，为什么？因为他可能并不认同这个考核结果，在改善之前，要先知道他接不接受这个结果。对于绩效最差的员工，我们通常要分析绩效不好的原因，想出解决的思路方法，需要的资源等：

第一，与员工核实结果并确认。要跟员工确认，例如说：“小李呀，你的绩效考核结果我们看了一下，是乙。”如果小李说：“我根本就不认可这个结果，我觉得数据和绩效系统有问题。”只要他不认可，就暂时先别往下谈，马上转移主题。如果他认同了，再进行下一步。

第二，请员工自己分析原因及改进举措。我们要教会员工自己分析，小李可能会说最近失恋了、最近健康状况有问题或者最近在忙另外一个对公司有重大影响的策划。

第三，询问对上级和公司的期望。听他说完之后，上级再问他对自己有什么要求，需要提供什么支持，需要公司给什么资源。这一点很重要，因为可能他改进绩效确确实实需要公司的支援，需要上级的支持，也可能他不需要。即使他不需要，他也许会说不需要，自己可以搞定，出了问题自己负责，会做出一个承诺，这种承诺对未来工作的展开有很大的好处。

第五，让员工清楚说出自己发现的问题，分析原因并提出具体解决方案。等他全部说完之后，上级再对照表格具体分析。

第六，请员工一起讨论每个建议是否可行，再次问他到底需要什么样的支持。

第七，请员工制订书面的具体方案，如培训、改善方案。作为上级，可以把事先做的功课给他，并问他需不需要一些培训，需要什么建议。

第八，要和他确定什么时候达到什么效果，甚至如何检验。这样做，企业的改善指日可待。

2. 对于绩效最优的员工

绩效考核结果出来之后，对于最优的员工我们该怎么样去进行改善?

第一，我们必须要**先赞美他的成就**。

第二，给他**提要求**，如何做，会更好？在提要求的时候，要注意方法和技巧。你可以跟他说："小陈确实做得很好，不过原来那个副总在你这个岗位的时候，绩效比你要高得多。"或者说："小陈做得确实很好，不过我在做这个岗位的时候，绩效是你的两倍都不止。"这对于下属员工来说就有更好的目标了。

第三，让他来**总结经验**，把自己的经验变成大家的经验。总结完经验之后，上级可以安排将经验在公司内进行推广，制度化。人力资源部门最大的优势就是专业能力，要利用个优势，做一个关于经验总结的模板，经过几次改进，这个模板就可以成为一个很好的工具。

经过**推广、宣讲**之后，最优者就会发生变化，刚开始的时候是莫名其妙地得了一个第一，但是经过两三次宣讲之后，他开始知道怎么样做能够不断取得更好的成绩，而且他的经验通过推广之后，在整个部门或者整个公司都会产生非常好的效果。

第四，如果这时候公司有新人的话，可以让绩效最优者来带团队。让他带团队有什么好处呢？①培养他的管理能力，为未来被提拔为管理者打好基础。②推广他的经验。③形成榜样效应，让新人有一个学习的榜样。④打造一个团队，分担一些工作。⑤有助于他形成正确的心态。

我们发现，企业里面一些业绩特别好的年轻人对上级可能会心存一种不屑，觉得自己也很厉害也很强，领导没什么了不起的。当他带团队之后，感受就会不一样，没带团队的时候觉得无所谓，当他带两三个人时，突然会发现，带人比做事要难多了。当他知道管理人的不易之后，就更容易被管理，那么整个组织的效率会明显提升。

第六，给他更多的挑战。如果公司恰巧有一些比较难完成的任务，可以交给绩效最优员工。对于他来说，首先，他具备这个能力；其次，他可能愿意接受这个挑战，交给别人他可能心里还不平衡。即使你知道他未必能做好，也要交给他。你要事先想好，他可能会遇到哪些问题，并在适当的时候支持他一下，这样一来，他既能够很好地完成这些比较难的任务，又能得到磨炼。最后，让他知道，他自己没有想象中的那么厉害。当你在一些关键点上给他支持的时候，他就会发自内心地佩服你。

第七，安排他参加能力提升的培训。培训的内容可以结合他的职业发展通路安排，例如，未来他如果向管理岗位发展，可以安排他参加一些管理的培训等。说明一下，培训不仅仅是要他去听课，也可以安排他讲课。

（三）晋升调职、降级和淘汰

当我们把绩效考核的结果用于人员岗位调整的时候，除了要将绩效考核结果作为依据之外，还应该考虑人员的能力和人岗匹配度。

在进行绩效考核结果运用制度设计时，我们既要考虑能力，又要考虑人岗匹配度，而要判断一个人是否与岗位匹配，就要对这个人进行人才测评。

人才测评是指通过一系列科学的手段和方法对人的基本素质及其绩效进行测量和评定的活动，通过对岗位的胜任模型和个人进行测评得出一个结果，而这个结果反映了人岗匹配度。

二、绩效考核结果运用的原理

绩效考核结果的运用，主要的责任体是各级管理者。

绩效考核结果为什么能作为绩效薪酬发放的依据？其背后的原理就是激励。作为考核者的直接上司，当你发现下属员工的绩效考核结果比较差的时候，是不是应该鼓励他一下、指导他一下，以帮助他提升？前面曾提到，绩效考核结果的运用既包含制度上的设计，又包含个人的行为，而个人的行为取决于管理者的综合素质。绩效考核结果的应用方式上，既有金钱方面的，又有非金钱方面的，也就是说薪酬激励本身也要和尊重、赞美、关爱、包容等相结合。作为上级来说，个人行为要更加丰富、灵活，更有针对性，也要更有成效。

【深度学习 5】差异化年终奖金制度解析

实施差异化年终奖金制度通常比不实施好，因为其好处是，公司向每一位员工传递了一条信息：**作高效的员工，你会得到回报**，可以使员工不断改进自己的工作，同时能够招聘到或保留最好的员工等。可以想象一下，如果不实施差异化年终奖金，到了年终，要么不发年终奖金，要么所有人的奖金都一样，而这两种情况对激励员工都没有好处。

差异化年终奖金分配的缺点是：分配效果如何，很大程度上**取决于员工的考评系统设计**。如果设计得不好，负面影响可能会很大。例如，如果评价取决于上司的主观看法，那么，员工会觉得年终奖金和绩效没有关系，而是和自己与上司的人际关系有关。

绩效评价体系的建立和维护需要人力资源部门和各级经理花费很多时间来解决它所带来的问题。例如，把员工与员工比较，很有可能破坏员工之间的信任和组织的团队精神；强调业绩有可能导致员工损害客户利益，如提成制度，可能诱发员工欺骗客户。员工不只是为钱工作，如果公司不考虑其他因素，而单纯看重年终奖金，那么企业实际上是在用奖金贿赂员工，以获取员工的努力，这样做得不到员工对企业的忠诚。

不过，问题的关键是：绩效体系如何实施？我们列出一些应该注意的问题，供参考。

奖励个人还是团队，或者两者结合？证据表明，年终奖金针对部门比针对个人更有效，所以，建议以对团队的评价和奖励为主，在团队内部适当考虑个人的突出贡献。我们认为，突出的人应该得到回报，但是突出的人是依赖于其他人和其他人的附属服务的。在发放奖金时，团队中职务高者通常要多些，为避免员工产生嫉妒，还应当适当考虑各个部门和个人的差异尺度。

必须制订明确的考核指标体系。考核指标一定要与企业的战略挂钩，这一点很重要，但是往往容易被忽略。指标不宜太多，3～4个关键指标较好。指标要明确，明确的指标，使人知道自己做得好还是不好，避免评价者的主观性太强，同时，指明了员工努力的方向。定指标时，不仅包括财务指标，还应该包含非财务指标，如包含客户服务（准时交货，退货量的减少，客户满意度统计等）。如果个人绩效很好，但与团队关系不融洽，分数也不应该高。

考核任何员工或部门，都需要多角度进行评估，而不是由一个人（上司）完全决定，考核的结果应该让被考核者和公司多数人接受。对于考核者，董事会要实施有效的监督，如果发现考核者有舞弊行为，经核实，董事会有权减少被考核者的奖金，如果其行为有损公司的利益，应该予以一定的制裁。

考核的时间和奖金发放的时间，我们觉得半年更好些，这样可以及时发现工作中及考核中存在的问题，并及时解决问题。奖金的发放额度，企业可以自己根据情况调整。通常，我们建议开始时额度小一点，比如，占工资总额的5%～10%。当整个系统运行的比较有效、平稳时，可以加大额度，有些企业的奖金额度比工资还要高，甚至达到工资的150%。

年终奖金的发放方法，不应该在将近年终时才考虑，在年初制订公司计划的时候，就应该制订好年终发放奖金的考核指标、考核方法、发放规则等相应的各项制度。

在奖金发放的过程中，遇到的问题很多，这里无法一一列举。下面介绍一般性的原则，这些原则同时也适合绩效工资的发放：

- 奖金发放成功与否基于每个考核者主观上是否愿意客观地评价他们的员工。

- 考核者必须愿意区分被考核者哪些人达到了指标、哪些人超过指标、哪些人没有达到指标。
- 年终奖金体系应该促进员工改善绩效，并提高公司的竞争力。
- 奖金支付应该按季度支付，至少要比一年一次频繁。
- 对奖金的发放效果，必须要跟踪。
- 奖金体系必须清晰，要经常性简单地和大家沟通。沟通，沟通，再沟通。
- 培训、奖金体系的维护、公司全体员工的参与都非常重要。

【深度学习 6】如何让绩效奖金有效

在企业的薪酬管理中，绩效奖金（也叫绩效工资、绩效薪酬，叫法不同，本质一样）已经成为一些公司寻求科学薪酬方案的重要选择，通过实施绩效薪酬，一些公司调动了员工的工作热情，提高了绩效。但是，并不是每一家公司都获得了理想的结果，其关键在于绩效薪酬的方案设计，如果方案不好，负面影响可能很大。

绩效工资这个概念并不是新东西，20 世纪初期，上海滩的码头搬运工人根据他们搬运的数量领薪水；在 18 世纪的美国，农场中采摘橄榄的工人收入是根据其采摘的橄榄数量发放的。在现在社会，绩效工资这个词是广义的，包括提成、奖金。本文中绩效工资的意思包括以下三方面内容。

（1）由于员工绩效的不同而导致其工资收入不同的工资制度，是每一年都有浮动薪酬，但不是永久增加的固定薪酬。绩效工资并不局限于流水线工人，可以在任何公司的任何岗位使用，包括银行、会计师事务所、律师事务所等。

（2）其目的是找出和奖赏绩效好的员工并且鼓励每一个人都更加

努力，以更好的方法去工作。

（3）真正的绩效工资是正规化的而不是想到的时候心血来潮给的一些奖励。

实施绩效工资的好处是显而易见的：

（1）由于将个人的收入同其本人的工作绩效直接挂钩，因此，这种方法能鼓励员工创造更多的效益，同时又不增加企业的固定成本。

（2）严格的、长期的绩效工资体系是一种有效的方法，这种方法让员工不断地提高工作能力、改进工作方法，从而提高绩效。

（3）这种方法使绩效好的员工得到了奖励，所以这种方法同时也能招聘到或留住绩效好的员工。

（4）当经济不景气的时候，虽然没有奖金，但是由于工资成本较低，所以公司可以不解雇或少解雇员工，这样一方面，让员工有安全感，提高员工的忠诚度；另一方面，当经济复苏时，公司也有充足的人才储备。

实施绩效工资也会有负面影响：

（1）绩效工资鼓励员工之间的竞争，破坏员工之间的信任和团队精神，员工之间会封锁信息，保留经验，甚至可能会争夺客户。那些一定需要团队合作才能有好的产出的企业或产品，就不适用这种方法。

（2）绩效工资鼓励员工追求高绩效。如果员工的绩效同组织（部门/公司）的利益不一致，就可能发生个人绩效提高、组织的绩效反而降低的情况，这时候这种方法就失去了价值。例如，销售员为了达成交易，可能会对客户做出很多免费服务承诺，公司为了兑现承诺可能会投入很高的成本。

（3）员工可能为了追求高绩效而损害客户的利益。例如，保险公司的业务员为了达成交易过度夸大保单价值。当被客户识破后，有可能会要求退保，同时，客户也会对保险公司产生不信任。医生为了增加效益，可能会给病人开高额药方、做不必要的昂贵检查，这种做法有违医院的宗旨，同时也会损害医院的形象。

鉴于上述分析情况，企业决策层在决定是否实施绩效工资制度时，应该问问绩效工资制度是否有违组织的宗旨？是否真的有利于实现企业的战略目标？是否真的能提高企业的绩效？不过，一般而言，只要方案合适，绩效工资制度确实能给企业带来好处。

设计科学合理的绩效考核指标体系是绩效薪酬制度能成功实施的重要保证，以下建议有助于提高考核指标体系的可行性。

（1）员工的绩效考核指标要有团队合作指标。如果个人绩效好，但是团队合作绩效低，该员工绩效考核结果就不可能获得高分。

（2）员工的绩效指标必须考虑组织的利益。例如，公司的服务成本、客户满意度等。

（3）最重要的一点，员工的绩效指标要体现公司的战略意图。例如，如果公司本阶段的战略目标主要是解决质量问题，那么在员工的指标体系中，质量指标的权重就应该最大。如果当前的主要问题是质量和交货期的问题，那么就要把这两项指标的权重都调高。

还有几个重要因素会影响绩效工资制度的效果：

（1）绩效工资要有具体的兑现日期并且要及时兑现，不能拖延。例如，原本在每月的5日发放就不要拖到6日，如果有特殊原因，应该向员工解释清楚。公司要向员工传递：绩效工资制度是按规定严格执行的，高绩效的员工会及时得到回报。这样的绩效工资制度为高效员工创造了得到回报的环境，成为建设企业文化的动力。

（2）在绩效指标合理的前提之下，我们主张应该提高绩效工资与固定工资之间的比例，如100%或150%，使员工干劲冲天。

（3）整个公司的员工都要有绩效工资，不能有些人（如业务人员）有，有些人没有。公司应该让员工明白公司中的任何一个人，只要努力了，绩效提升了，公司都会知道他的付出并且会给予奖励。

（4）在公司制订绩效工资体系时要让所有的员工都参与，参与的过程是一个很好的沟通和培训过程，也是让公司和员工发现问题，树立实施绩效管理信心的过程。

第七章
绩效管理的成功
“1－2－3法则”

一、一个核心

绩效管理成功的“1－2－3法则”：“1”是一个核心，“2”是两个前提，“3”是三大关键。

绩效管理如何成功实施呢？具体来说，**一个核心是指绩效管理的指标**，绩效管理的大部分工作都是围绕指标这个核心来做的，而指标来自哪里？来自两个地方，一是指标库，二是绩效合同。绩效合同有很多不同的版本，企业可以根据自己的需求来选择。比如有的企业在绩效合同里加了很多约束性的承诺条款：“我承诺如果达不到绩效指标的要求，公司就可以不给我奖励，甚至主动要求公司解除我的职务，另外竞聘上岗。”有的企业绩效合同里没有这些条款，而是放在绩效管理办法里。

一般来说，指标分为三级：总经理的指标，部门经理的指标和岗位的指标。这三级指标里有一个龙头指标，即总经理的指标，它承载了公司的战略目标。总经理拿到指标之后，要对指标进行分解、分拆，或者平移到下面的各个部门。至于企业到底要三级、四级，还是五级，取决于企业的组织层级。

指标的作用是什么？

对于被考评对象来说，指标是被考评对象行动的方向和指引。

如果我们给某个岗位制订了一些指标，就意味着这个岗位的员工要朝着这个方向去努力。当然，也有指标权重的问题，如果五项指标里的第一项权重占30%，其他所有的指标占70%，那么第一项权重最高的指标就会受到考评对象的重视。相反，如果企业想在下一阶段强调技术培训，想让员工重视技术培训，那么就可以把技术培训指标的权重调到最高。

对于考核者来说，指标是驾驭被考评对象的一个工具。各级管理者一定要清楚，考核者重视什么就考核什么。清楚了这点，就可以把管理者重视的内容通过指标让下级也重视。

对于公司来说，指标有什么作用？

第一，通过设计指标，将公司的战略目标转化成前沿行动，实现战略落地。指标支撑着企业战略，以企业战略为指导，制订公司总经理的指标，再把它分拆、分解，平移给他的下属，这样就形成了一个三级指标体系——总经理的指标、部门经理的指标和岗位的指标。

第二，通过设计层层指标，将公司的价值主张变成大家行动的方向。比如说企业主张节俭，主张客户至上，那么可以通过指标设计，让这些内容逐渐成为公司企业文化的一部分。

第三，把公司、部门和岗位存在的问题或者弱项，例如，工期不准时、返工率高等，变为各级管理者及员工们要改进的问题。把公司存在的问题变成公司总经理、副总经理的指标，让他们解决公司的问题。把整个部门存在的问题变成部门的指标，让部门负责人解决部门的问题。如果某个公司的员工流失率比较高，要想改善员工流失的情况，就可以在总经理的指标里面加一个员工流失率的指标。通过这个指标让他重视整个公司的员工情况，他就会通过一些举措来提高企业的凝聚力。

一般咨询公司在给企业做咨询的时候，第一步是做诊断，第二步做战略梳理。在诊断和战略梳理之后，经过组织的优化，然后做绩效方案。那么，做诊断的目的是什么？为了找出问题，而找出的问题就是指标的来源之一。我们做绩效管理，要牢牢抓住指标、标准、目标值和权重，这样才能做好工作。

二、两个前提

前提之一：建立战略目标体系（如核心价值观提炼、诊断）。依据

逻辑学的观点，所谓前提就是指没有战略目标体系，就不能实施绩效管理。要想实施战略性的绩效管理，必须事先做战略的梳理。

前提之二：确定职责，分配任务，制定目标、流程（包括 sop）。这些都是定绩效考核指标的前提，没有这些，就无法确定岗位的责任，当然也就无法提炼考核指标了，绩效管理也就无从谈起。在人力资源管理里，岗位说明书的核心内容是岗位职责和任职标准。

在绩效管理过程中，大家经常苦恼的是职能部门的绩效无法考核。有一个原因，销售部门、生产部门和经营目标是紧密相关的。多少量，多少产值，多少台，多少吨，这些数据都很清晰、直观，但是职能部门的工作就没有这么清晰了，而且很多企业没有对他们的工作做好绩效检查和记录，所以无法考核。职能部门的工作不是说不能制订指标，而是说在进行绩效管理之前，一定要明确职责。每一个职能部门所有的岗位，任务要分配清楚。比如，某个岗位一个月的任务是什么？一个季度的任务是什么？每一项任务所要达到的目标是什么？完成这些目标的检验标准是什么？某企业行政部门工作计划书及绩效考核指标如表 7－1 所示。

表 7－1　某企业行政部门工作计划书及绩效考核指标

维度	工作职责	工作任务（指标）	完成时间	工作成果	责任部门（人）	配合部门（人）
行政管理	制度发布宣贯	各部门制度收集、汇总、发布				
	通信网络信息管理	电话网络费用审核对账				
		OA 信息系统运用				
		矿山网络建设				
	档案管理	文件、合同、协议、表格收集				
		各类档案的编号、归档				
	周边协调	联谊走访乡村干部				
	证照管理					

续表

维度	工作职责	工作任务（指标）	完成时间	工作成果	责任部门（人）	配合部门（人）
后勤管理	员工生活管理	食材采购、供应商确立				
	车辆管理	车辆运行管理制度				
		新购车辆购置				
	后勤设施改善	生活区部分寝室改善				
		采选厂员工洗澡洗衣				
		采选厂宿舍整改				
		康定新购房装修及管理				
治安保卫	消防管理	消防设施年检、更换				
人力资源管理	增员	IT 信息管理 1 名，档案管理 1 名				

如果制订岗位职责指标的基础性工作完不成，而指望绩效管理本身，是解决不了问题的。人力资源部门往往也说不清楚这个道理。当考核者说不清楚的时候，其他人就会进行攻击，说方案有问题。其实不是方案有问题，也不是绩效管理的技术有多难，而是人力资源部有很多基础工作没做好。人力资源部不仅要自己清楚，还要给大家讲明白；不仅要讲明白，而且要提供工具给大家，这样问题才算基本解决。为什么说基本解决而不是完全解决？因为给的东西再好，总有一些人不愿意做。在一些民营企业，有一些做业务的元老级员工，就不愿意制订指标。因此，人力资源部就要耐心地给他讲，帮他梳理，帮他写，如果有可能的话，还可以组织一次培训。总之，这个问题必须得解决。

三、三大关键

（一）董事长：绩效管理第一责任人

各级管理者中，董事长是绩效管理的第一责任人。这里所说的董事长，是指实际操作公司的这个人，是最具话语权的人。董事长要直接参与和推动绩效管理的实施，而不是只做旁观者，看人力资源部门或者其他部门去推动。董事长在绩效考核的过程中，要发挥4方面的作用，分别是：**战略方向、目标的确定和调整；主导企业级关键目标体系的建立；参加绩效管理的全过程（包括参加培训）；提供政策、资源支持，主导实施过程。**

绩效管理的培训，一定要董事长参加，如果董事长不愿意参加，就要想办法请他参加。我可以分享一个办法，这个办法我试过很多次，通常很有效。如果他说："我太忙了，没有时间参加。"我就会说："你什么时候有时间，我们就什么时候培训，将就你的时间。"还有一些业务副总，也会出现同样的问题。有一次，一个业务副总的助理对我说："曹老师，不好意思，陈总他因为要见重要客户，所以不能来参加培训，怎么办呢？"我的做法很简单，我说："你告诉他，这次培训先取消，你问他什么时候有时间，我们就什么时候培训。"结果，过了半个小时，那边回复："曹老师，我们陈总的时间调过来了，可以参加。"重要岗位的人不参加培训，后期他就会向你提出无数个问题，因为他没听。因此，一定要让董事长、总经理、副总经理、总监统统参加培训，而且培训的时候，最好让他们把手机都交上来，统一拿到室外，培训结束之后，再还给他们。

（二）各级经理：绩效管理的主体

各级经理是绩效管理的主体。管理者一定要明白：绩效管理是自己的事，不是人力资源部的事，因为绩效管理是考评主体驾驭被考评对象的一个核心工具。各级管理者在绩效管理中主要发挥6个方面的作用。

第一，与上级签订绩效合同，理解并接受上级给自己确定的绩效指标、目标值和权重。

绝大多数的管理者都有上级，签订完绩效合同之后，要理解上级为什么考核这些指标。

第二，要研究如何去完成这些指标，需要哪些资源。

第三，拿到上级给的指标之后，要把这个指标分解给下属，并和下属签订绩效合同。

第四，做完前三项工作之后，在绩效管理工作的过程中，一定要注意数据的搜集和记录。记录完了之后，一定要进行沟通、培训和指导。沟通的原则是随时沟通，发现问题就沟通，发现异常就沟通，并且一定要有记录，以记录为基础，沟通完之后再做培训辅导。

第五，考核一段时间之后，各级管理者要做结果分析，包括个体的分析和组织的分析。个体的分析工作由上级来具体操作，而整个公司总体的分析一般由人力资源部门来做。有的企业也会由战略管理部或者企划部来做，可以根据自己企业的实际情况来定。假如企业有20个事业部，每一个事业部整体的绩效考核结果分析可以在事业部总经理的指导下和总部HR部门的协调下，由事业部的相关部门来负责。

第六，绩效反馈和面谈。分析结果出来之后，会形成一张表格，此时管理者要与下属进行一对一的面谈和反馈。

综上所述，各级管理者一定要明白自己的核心作用：你是绩效管理的主体，绩效管理是你分内的事，是你应该做的。很多经理觉得绩效考核是人力资源部的事，事实上，管理者拿什么管理？绩效就是一个核心内容。

中国企业经常面临一个挑战，即如何实现从业务精英、技术专家到管理者的转变？很多人有经理的头衔，但是仍然把自己当作一个超级销售员。很多销售总监是从销售人员直接升到经理这个职位的，因为业务做得好，资格比较老，年龄也大了。这时他们还不具备管理的能力，心态上还是一个超级销售人员，只顾自己在前面冲杀，而不知道如何激励团队的其他人。所以，管理者既要做业务，更要做好管理，把下属管好。

怎么去应对这个挑战，是一个课题。这个问题产生的根源，首先当然是发展的问题。中国经济发展得太快了，全世界没有哪一个国家像中国这样，经济像脱缰的野马一样飞速发展，但在发展的同时也带来了很多问题，比如环境污染、资源消耗。在管理方面，如人员不胜任问题，因为他们没有机会系统地学习管理。

很多乡镇企业，已经有一百多亿元的资产，但是在管理方面基本上什么都不懂，怎么办？逼着管理者去学习，但是对于管理者来说，学习是一个很大的挑战。很多人没有文化怎么去学习？于是就请职业经理人，但是请来了职业经理人，他们又觉得职业经理人只有理论，没有实践，只会说，不会干，而职业经理人一看这些人都是土包子，什么都不懂，没法沟通。所以，这也存在一些问题。

对于企业来说，如何实现他们的转变？由业务人员升职的管理者，可以以内部成长为主，而专业人员，如技术人员、人力资源管理者、财务人员则必须从外部引进。如果不引进，光靠自己内部培养，几乎没有可能性。

另外，千万不要让副总经理、总监一类的重要职务被不懂行的人占据。如果要考虑他的利益，给他一些好处或荣誉头衔就可以了，比如让他做顾问。但是如果给他一个副总经理、总监的头衔，就会有很多麻烦，因为所有人力资源的事还得跟他商量，而他又不懂。所以，我们要通过给他们做培训、建立制度、个别辅导等方式，让他们去实践，逐渐转变，这是一个漫长的过程。

（三）人力资源部：绩效管理专家

人力资源部的人员一定要成为绩效管理专家，因为绩效管理方案一定是由 HR 设计的。绩效管理方案设计出来后，要报请公司相关人力资源委员会批准。批准的人也必须是专家，否则批不批准就没有意义。总经理、董事长必须要懂人力资源管理，不需要懂细节，但是必须要懂一些原理和理念，这样才能够判断出上报的方案合不合理，并且能提出一些问题和建议。

人力资源部的专业角色主要体现在以下几个方面：

（1）制订政策、方案、制度，提供工具，当好参谋；预测可能发生的问题，想出对策；研究新的方法，改进公司的绩效系统。

作为专家你真的要有料有货，要知道绩效管理怎么做，能制订出绩效管理制度和实施细则及各种表单，能提炼出跟公司业务、战略、具体人相关的方案，还能预测到如果公司做绩效管理的话可能会遇到哪些障碍，甚至知道哪些人会反对，为什么会反对，并且知道怎么去解决这些问题。董事长最不喜欢管理者只提问题不给解决方案，所以，管理者最好能给出两个解决方案——力度大的方案和力度稍微小一点的方案，让董事长选择，这样会比较好。

（2）组织者：组织好绩效管理培训，研讨、与咨询公司接口。要清楚地知道我们要让咨询公司解决什么问题；我们已有什么，还差什么。

（3）推手：推动实施、改进。

人力资源部门要借助专业能力和董事长的全力支持来推动方案的设计和实施。一定要让董事长明白绩效考核的意义和重要性，他明白了才是真支持，在不明白的情况下，他的支持是假支持。如果董事长不明白，而一旦营销副总经理或其他副总经理给他提出一些问题或者否定性的建议，他就会开始怀疑你。所以，最好是让董事长听几次课，了解一些情况，否则没有董事长的支持，绩效工作就很难展开。另外，企业的高管是一股很强大的力量，我们要依靠董事长的力量才能把这些人带动起来。

（4）信息中枢：收集、整理和保存资料信息。

人力资源部门进行各种信息的搜集汇总，要有一些表格、表单，这些表单由人力资源部设计，由各级管理者使用，所以要教会各级管理者如何使用。

（5）战略伙伴：保持绩效系统的战略一致性。

通过沟通和培训，始终保持绩效系统的战略一致性。人力资源部作为专业人士始终要跳出来，离远一点看才能够把握得更好，不要一头扎进去。一定要明白战略指标，始终将总经理的指标和战略对接。

【深度学习7】再谈“1－2－3法则”

绩效管理非常之难，我想凡是做过绩效管理的人对此都会深有体会。

那么，是不是就没有办法做了呢？或者，怎样做才能使绩效管理获得成功呢？

总结多年给企业做管理顾问及培训辅导的经验，我们归纳出绩效管理成功的“1－2－3法则”。

所谓绩效管理成功的“1－2－3法则”，即一个核心、两个前提和三大关键。

第一，一个核心——绩效考核指标。

在整个绩效管理过程中，几乎所有的工作都是围绕考核指标来展开的，所以绩效考核指标是一个核心。在企业中，绩效管理是一项非常基础的工作，目的是为了促进各个岗位把本职工作干好，或者比原来做得更好。有些公司实施了绩效管理方案，方案做得也很完美、思想也很先进，结果业绩反不如以前。其实，管理本没有什么优劣之分，要评价一个绩效方案好与不好，不是看技术先不先进、方案完不完美，而是看哪个有效果。

以绩效考核指标为核心，就是要让董事长、让各部门经理及所有员工都能够将公司的目标很切实地贯彻下去，让工作更有成效，所以，我们将指标体系分为“三级指标体系”——总经理的指标、部门的指标和岗位的指标。

在这里，总经理的指标是根据企业的战略目标来确定的，董事长今年的重点工作是什么就要看公司的战略是什么。比如，原来做财务软件的公司，已经将财务软件做得很成功了，而在管理软件上看到了新的商机，于是今年公司的战略开始向管理软件方向发展。公司确定战略目标之后，除原来的工作之外，还应该做管理软件的产品研发。比如，一家在北京的公司决定在济南成立一家分公司，首先要招团队，做团队建设，其次还要抓品牌，进行渠道建设。根据战略，确定董事长今年的重点工作是什么，根据战略目标来确定他的指标。

我有个客户是家集团公司，有二十多家分公司，其中广州分公司的总经理是个公认的销售天才，每年带领的公司销售业绩在二十多家分公司里名列前茅。2001 年年中，为开拓新市场，集团在重庆成立了一家分公司，便把这个总经理派了过去。他深感责任重大，决心不辱使命，工作中身先士卒，并注意对下属的激励与培养，形成了一支很好的团队。一年过去，他甚至没休息过一天，可是，销售业绩居于集团最低。集团董事长说：“全集团我最重用你，最信任你，但是没办法，考评面前人人平等。”当初制度规定考核不合格就要免职，在他之后又有三任总经理接连以同样的原因被调职，到第四任，重庆分公司的业绩才开始好转。

这个总经理他冤枉不冤枉？冤。到了重庆之后，他一马当先，身先士卒，招兵买马，建立了一支很好的团队，但是没有很高的销售业绩。到底问题出在哪里？考评所有分公司总经理的标准都是销售额。

“身先士卒，并注意对下属的激励与培养，形成了一支很好的团队。”根据这点，我们可以认为这个总经理不错，可是，为什么公司把他免职了呢？因为公司认为他绩效成绩不好。其实，开始我们认为他好，也是用销售业绩这个指标来考核，如果用“团队建设”这个指标来考核他，他的绩效就非常好，所以绩效指标不同，就有不同的考核结果。

在此，我们得出第一个结论是，选择什么考核指标，将会大大影响考核结果。有人也许就会问，该怎么制订正确的指标？答案是根据战略目标来制订总经理的指标。当重庆分公司刚成立时，其阶段性的战略目标是什么？建立分公司最开始的战略目标就是建立团队、拓展渠道、塑造品牌和开拓重要客户。在这个阶段，要根据这个目标来定指标。销售业绩不是战略目标，不能作为重要指标，更不能作为唯一的指标。

第二个结论是，总经理要为各级干部亲自制订指标，或者指导下属定指标，不能让人力资源部和其他部门代劳。因为总经理自己订目标的过程就是理清思路的过程，是集中精力下达任务、沟通绩效的过程，也是一个修改战略目标的过程。

指标问题是一个非常复杂的问题，需要持续改进，要花大力气来建设，所以我们做指标的时候，要不断地根据新情况来制订新的指标。

第二，两个前提。

不是任何企业都可以做绩效管理的，经常有客户打电话或者发邮件问：“曹老师，我们公司准备做绩效管理体系，来帮我们做，跟我们合作吧！”

我回复说：“可以啊，不过我得先问几个问题，你们现在的战略目标清晰不清晰？有没有书面化？全公司是否一致认同？”

对方回答：“这个目标是有，总经理跟我们谈过，不过好像也不是太清晰，有的人知道，有的人不知道。”

我再问：“你先别着急做绩效管理体系，公司首先应该要明确战略目标，并建立相应的体系。我的第二个问题是，你们现在各个岗位的职责明不明确、清不清晰？”

对方说：“也不是很明确。”

最后我说：“你先把组织架构、岗位职责发过来。”

他说：“我们现在没有岗位职责，反正大家都知道自己该干什么。”

其实，企业要明确职责，要有一套工具和模板，甚至建立流程，尤其是主要的、核心的作业流程。而绩效考核就看员工有没有按流程操作，有没有履行他的职责。同时，像上面那个案例，如果没有把重庆分公司的目标弄清楚，任何一个业务单元在目标都没有制订的情况下，要考核，又能考核出什么结果？没有前提就去做绩效管理，往往费力不讨好，与预期的结果相去甚远。

第三，三大关键。

一家集团公司，总部在美国，在欧洲、加拿大、台北、上海、深圳都有分公司，在东莞有 3 家工厂，而这家企业的绩效管理做得非常不错，诀窍在哪里？其实没有什么诀窍，就是董事长非常重视，对公司战略目标定得非常清晰：为了国际全球化经济、中国制造而振兴。根据这个目标，公司的总经理要根据这个战略目标来制订其个人目标。

所以，**第一大关键是领导（董事长/总经理）的直接参与和推动。**总经理是直接的参与者，不是旁观者，不是看着人力资源部门或者其他部门去推动。各部门的指标，由大家一起制订，总经理亲自参与，这是第一大关键。

第二大关键是各个部门经理不能把绩效管理看作负担，而要将它看成本职工作，是分内的事，而不是分外的事。

某家具集团主要做欧美市场，公司的董事长很重视人力资源，但是，下面的一位部门经理不重视绩效管理，觉得这是额外的事，嫌麻烦。

一次公司的绩效管理培训有40多人参加，都是高层干部，大家都很活跃，积极参与分析。可是，一开始培训，我就听他说："哎呀！我们培训的地方真是个好地方，在教室里都能听到涛声（地点在海边），海风吹来好舒服，终于可以休息了，坐到后面可以睡睡觉。""好，我看你怎么睡觉。"我心里想。

培训的第一天，相安无事，大家都很积极，只是轮到他发言的时候，他经常说不到点子上，我引导一下也罢了。第二天，有一个非常重要的问题，他没说到点子上也就算了，我引导他，他还不服气，说他没听清楚，所以回答不出来。我说："那好，你站那儿听着。"我马上连续请三个人都回答相同的问题，回答得都非常好。我说："你再来回答另外一个问题，为什么其他三位学员都能够回答得这么全面，这么到位，而你却回答不出来？"他解释了半天，我说："你不用辩解，昨天培训还没开始，我就听到你说你来这里就是来睡觉的。"他说："没说什么啊，我当时不是故意说的。""不是故意说的，那为什么人家能回答出问题，而你却回答不出来？作为企业的中高层干部，你不能这样子，绩效管理不是老板一个人的事，不然老板为什么这么重视，为什么花十几万元在这上面？""老板是重视，可开始我心里不是这样想的。"他说了实话，"我开始不知道，现在知道人力资源管理是我的事。""作为中层干部，这就是你的职责，老板花钱不是请你来睡觉的。""曹老师，你这样说，那我没法在公司待下去了。"我说："我的本意不是这个，我只是想让你明白，绩效管理、目标管理是你的工作。"

所以，部门经理参与与否，是一大关键。特别是在企业里面，强势部门不参与，绩效管理就没法做。什么是强势部门？比如在营销类公司，销售部门就是强势部门，如果销售部说：“我忙得很，哪有时间做这事，你们人力资源部没事找事，还搞什么绩效管理。”人力资源部就很难开展工作了。对于强势部门，一定要让他们明白绩效管理的重要性，该训的时候就训，等他犯错误时再敲打他一下。

第三大关键是人力资源部门要专业。人力资源部如果不够专业，绩效管理也没办法做，因为没法说服上面的领导，也没法跟强势部门平衡关系，也设立不了考评体系。比如顾问公司给你一套东西，你没办法鉴别，就没法做出来，所以，人力资源部要专业。

第八章
最常见的绩效考核指标

一、利润指标

在我们的意识里，总经理的指标一定会包含利润指标。利润指标是一个综合指标，利润等于销售收入减去材料成本、制造费用、销售费用、管理费用和财务费用，当然还要减去税金，剩下的叫作利润或者净利润。除此之外，还有与他的经营直接相关的销售收入指标、经济增加值、研发投入（高技术企业）员工培训投入等。

（一）销售收入

销售收入这个指标通常由销售部门来承担，一般通过平移法和分拆。比如总经理的销售指标有八千万元，如果是一个销售部，这八千万元的指标基本上就平移给了销售总监。如果不是一个销售部，而是三个销售部，那么八千万元的指标要分拆给三个销售部，第一销售部给2500万元，第二销售部给3500万元，第三销售部给2000万元。但是还有很多指标是要进行分解的，比如，利润指标包括很多因素，小公司可以把销售指标分解给销售部门。

（二）材料成本

材料成本要分解给谁？第一个是采购部；第二个是与材料成本相关的研发与生产。不同的企业有不同的主责部门，有的企业主责部门是采购部，其他部门是从属部门，而有的企业是设计方案，或者配方，或者技术方案对材料成本影响最大，这样的企业就要把重心移到这些部门来。

（三）制造费用

制造费用的主责部门是生产部，有的企业制造费用的高低很大程度上也取决于设计，视企业的具体情况而定。制造费用的分解是比较重要而又比较麻烦的一件事，这时要做一张制造成本的分析表，内容为制造费的构成，如厂房、设备折旧、主料的利用率、辅料的消耗、排线、运输和储运等，然后将对应的成本列出来，就很清晰。

（四）管理费用

管理费用主要是通过控制管理人员的编制来实现。很多企业的利润都被庞大的非生产、非销售人员消耗了，这是一件很可怕的事情，所以，编制一定要控制好。管理费用是很多企业管理上一个最具潜力的金矿。

（五）财务费用

财务费用主要包括利息差、银行办事费用和汇兑损益，主要由财务部负责，但是销售部与财务部之间也有直接的关系。比如销售部对生产周期和交货周期进行合理的安排，成本就能降得很低。如果一些糟糕的客户定了一些短的、急的交货期，为了应付这张订单，整个公司加班加点，就乱套了，采购是高价，设备也是超负荷运转，很可能也带来很大的损失。所以，在一家公司里面销售部门的管理也非常重要。

二、财务类指标

财务类的指标，大致上有三大类（如表 8 - 1 所示）：**第一类是衡量财务效益状况指标，**如净资产收益率、总资产收益率、销售利润率、成本费用利润等。**第二类是衡量企业资产的运营效率指标，主要指资金**

的周转速度。如果投入一千万元周转十次就是一亿元，投入一亿元只周转一次也是一亿元，也就是说 A 用一千万元做了一亿元的生意，B 用了一亿元的资金也才做了一亿元的生意。所以，资金周转得快和慢，对效率的影响非常大。

存货对于一般的制造型企业来说，很要命，比如手机、电脑、啤酒。存货周期的长短对这一类行业来说非常关键，所以一般情况下，企业一定要尽可能把它控制好。有些特殊行业，比如古董、茅台酒，放的时间长没关系，因为它会增值，能弥补资金周转不畅带来的利润损失。

应收账款无论对于哪个行业都很重要。中国企业有一个三角债的问题，这不是管理学本身能解决的，是体制问题，但是我们可以把这个指标作为考核相关责任人的依据。

生产周期相对来说是可控的，比如从 25 天变成 23 天，装备制造业的周期都很长，但是快销品的周期就很短。生产周期对于企业来说是很重要的一个指标，也是很多企业需要努力的一个方向。

第三类是衡量发展能力的指标，包括销售增长率、人均销售增长率，这两个指标之间的差异非常大。销售增长率就是销售额增长率，如果仅以销售额的多少作为指标来衡量的话，销售部一定会搞人海战术，这时就要拿人均销售收入来考核，所以人均销售增长率非常重要。

总资产增长率不太好评估，如果要增加总资产的话，通过借钱就能实现。因此，在使用这些指标的时候，要明白它的实质的含义，然后再用。

表 8－1　三大财务类指标

财务效益状况指标	衡量资产运营状态（效率）指标	衡量发展能力的指标
净资产收益率 = 净利润/净资产	总资产周转率 = 销售收入/总资产	销售增长率 = 年度销售差额/上年度销售额

续表

财务效益 状况指标	衡量资产运营状态 （效率）指标	衡量发展 能力的指标
总资产收益率＝净利润/总资产	流动资产周转率＝销售收入/流动资产余额	人均销售增长率＝（本年度人均销售额－上年度人均销售额）/上年度人均销售额
销售利润率＝销售利润/销售净收入	存货周转率	人均利润增长率＝（本年度人均利润－上年度人均利润）/上年度人均利润
成本费用利润率＝利润总额/成本费用总额	应收账款周转	总资产增长率＝年度总资产差额/上年度总资产

三、平衡计分卡解析

（一）平衡计分卡是什么

在考虑企业财务类指标的同时，还要考虑一个问题，就是哪些因素导致财务类的指标很好或者很不好。其实答案在平衡计分卡里：要想让企业的利润高，一定要提高客户满意度，客户满意度高会产生重复购买，还会形成良好的口碑。客户满意度高了，我们的利润就高了。

平衡计分卡还告诉我们客户满意度为什么高，因为企业的运营很有效率。什么叫流程很有效率？比如你的报价比别人快，打样比别人快，交货比别人准时，产品质量比别人好，价格比别人更公道，售后服务比别人更好，成本更低。

平衡计分卡还告诉我们，管理效率高不仅能够提高客户满意度，也能够减少费用，提高利润。比如给同家企业做服务，第一家企业一次就把售后问题解决了，而第二家要做三次，这样不仅客户不满意，而且服务三次的企业去三次人，做三次服务，成本就高了。

为什么第一家企业的内部运营效率高？第一，团队比别的团队强大，员工的素质高。第二，企业文化氛围比别的企业好。第三，信息化比别的企业做得好。企业内部在不断地成长和进步，而且不仅仅是能力的提高，更是整个企业文化的不断优化。

平衡计分卡告诉我们：**企业要想获得高利润，在学习与成长层面、内部运营层面和客户层面要做好平衡。**在平衡计分卡里面有这样一个逻辑关系：财务方面的指标是一个结果指标，而客户层面、内部运营层面及学习与成长层面是财务类指标的驱动性因素。学习与成长方面的指标，既是内部运营效率的一个驱动性因素，也是影响客户满意度和企业利润的一个因素，如图 8－1 所示。

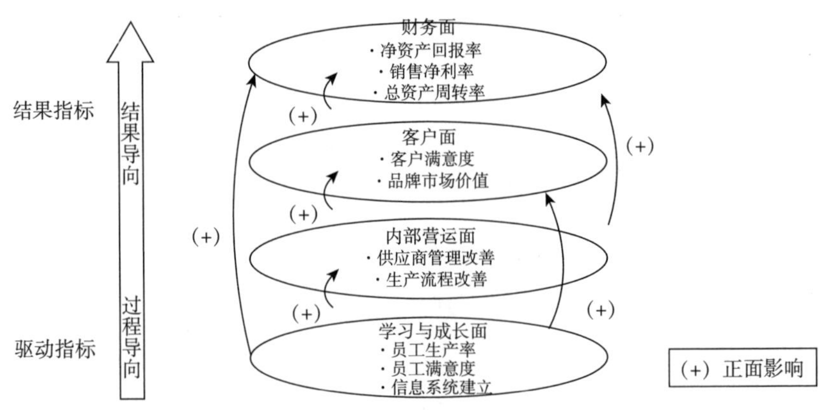

图 8－1　平衡计分卡内的逻辑关系图

（二）学习与成长面

学习与成长其实包含了三项内容：第一是团队建设，团队人员的素质要足够高，人员配比要合理；第二是信息化建设，这是学习与成长方面的动力因素；第三是文化建设，大家有做好事情的动机与意愿。具体如表 8－2 所示。

表 8-2　学习与成长的三项内容

员工综合素质的提升	信息管理系统的能力	激励/授权/配合度－文化建设
1. 员工成长	1. 信息系统支持流程的程度	1. 员工建议的平均次数
2. 员工满意度	2. 先期导入企业资源规划（ERP）系统	2. 建议被采纳的次数
3. 人才流失率	3. 员工可在信息系统上直接取得的信息比例	3. 重要流程的实际改进速率

学习与成长方面的指标通常包括员工的能力和综合素质的提升，可以用员工满意度、人才流失率来评估。员工满意度是一个比较综合的指标，在很多方面要细化，不同层面员工，其满意度的具体内容是不一样的。比如，基层工人更加关注他的收入、计量单价是否合理，中层管理者既关注工作环境是否优越也关注成长的空间，而高层除了关注收入和成长之外，可能也关注他的成就感、使命感、荣誉感等。

人才流失率和员工满意度要合在一起用才行。很多时候即使没有员工流失，也不开心，如果已经出现比较明显的员工流失情况，说明问题已经比较严重了，所以要把这两个结合在一起。

信息管理能力的指标包括收集的信息是不是真实完整，是否建立了信息收集表单系统，信息是不是随时采集的，ERP 要不要导入，什么时候具备导入条件，能不能迅速地获取信息，这些都可以作为设计指标时的参考因素。

总之，我们怎么去激励员工，怎样让员工投入到工作中，这些都是员工学习与成长方面的指标。这三个方面的实践，需要花一些工夫去提炼。

（三）内部运营面

内部的运营层面主要是指制度建设，包括制度的流程和表单等。制度建设可以解决企业内部的运营问题，比如绩效制度、薪酬制度和内部运营制度，但是光有制度还不行。如果大家吵得一塌糊涂，也是有问题的，所以平衡计分卡就是让我们在定指标的时候，既要考虑财务类的指标，又要考虑驱动性的指标。

内部运营的层面，可以分为三个阶段，相应地也有三个阶段的指标，如表 8 –3 所示：

表 8 –3　内部运营流程三个阶段的指标

售前流程指标	经营、生产流程（效率和质量）指标	售后服务流程指标
新品上市时间	储存、等候时间	商务/指导服务
收支平衡时间（break-even time）	运输、检验、加工时间	维修服务
1. 产品改良 2. 报价、打样、签约、付款等服务		

第一个阶段是接订单之前的售前流程指标，看流程效率是不是很高。如果拿订单的公司，打样、报价、签约、付款等这些售前流程要足够快。如果是上市公司的话，还要有收支平衡时间的保证。

第二个阶段是经营、生产流程指标，包括在生产过程中是否能够及时交付产品，产品一次性验收是否合格，包装是否符合要求。以制造业为例，生产过程中的质量指标主要包括合格产品的 PPM（百万分之）、废料率、废品率、重做率、退货率等，这些怎么样可以做得更好？交货期怎么样缩短，能缩短多少时间？这些都是需要企业流程支撑的。

第三个阶段就是售后服务流程指标，比如客户的产品出现故障，快速响应周期是多长？是 24 小时还是 72 小时？高效率的流程才能够让客户满意，最好是一次就要做好。

（四）客户层面

客户层面的指标包括市场份额，市场份额不断提高说明客户满意度高，流失率低。客户满意度这个指标虽然非常重要，但是不能笼统地谈客户满意度，它不是一个单个指标，要把它细化成多方面。

首先，一定要抓住客户关注的所有方面，以此作为指标的来源，即客户关心什么我们就抓什么，客户重视什么我们就考核什么。

其次，这么多指标不可能全部都抓，我们只抓其中的关键指标。

最后，要对客户进行区分，特别是一些经销商类的客户。比如，客户要想追求价格上的满意，而你把产品的价格降到非常低甚至亏损的程度，这时你的客户满意了，但是你就死定了，像这样的客户就要放弃，还有一些客户对交货期的要求非常不合理，这时就不能单纯地满足他。对于这类客户，我们要适当地淘汰，这样才能真正把有限的资源用在需要重点扶持的优质客户身上。

归纳一下，平衡计分卡要求我们在给企业定绩效考核指标的时候，既要考核财务类指标，又要考虑那些驱动性的指标，而驱动性的指标又要从三个方面来考虑，这样订立企业或者事业部的指标才是合理的、科学的，避免了单一地考虑财务指标所带来的短期行为。

我辅导的一家企业有30多亿元的销售规模，在全国有七家工厂、十几个办事处。这家企业的总经理是由董事会聘请的，他的考核指标就是单纯以利润为标准。

这家公司要对设备进行改造，设备改造就要花钱。作为被考核对象，如果以利润来考核他，他的想法会很简单：自己会不会花？暂时不花，什么时候花？等任期满了之后再花吗？但是任期满了之后，设备已经老化了，技术已经落后了，对手已经赶上来了。仅仅用利润这个指标来考核，短期内看利润是高，但是对于公司是有伤害的。

作为职业经理人他不管，因为你给他的考核指标就是这样的，因此你要真金白银的兑现承诺。那么对他的考核指标不能仅仅以利润为唯一标准，而且还要考虑其他方面，比如内部运营、生产效率、技术、未来竞争力等。

四、平衡计分卡适合什么类型的考核对象

平衡计分卡四个方面的指标适合于公司和事业部所有独立核算的业务单元，不适合职能部门和具体的岗位。很多人对这个问题的认识有误区，不仅企业里的 HR 部门有误区、领导有误区，很多所谓专业人士也有误区。在给职能部门和具体岗位提炼指标的时候也应从平衡计分卡的几个方面来考虑，这样做不是不行，而是带来的结果不好。

任何一个高效率的组织必须有三个支点：**第一个支点是有效的授权，**组织结构的优化和集团管控解决的核心问题就是有效授权的问题；**第二个支点是绩效考核；第三个支点是科学的、以薪酬为基础的激励，**绩效考核的结果不一样，在收入上要有所体现。

这三个支点是相互关联的，比如集团授予事业部总经理更大的权力，由他来决定价格，决定怎么去开拓市场，这时考核的激励性薪酬就要多一点，固定的薪酬就要少一点。但是如果他既不能决定价格，也不能决定促销方式，最后都由上面决定，这时固定的薪酬就要多一点，激励性薪酬就少一点，总额也少一点。

平衡计分卡适用于企业所有独立的核算部门，但不适合职能部门，公司层面的指标也可以根据平衡计分卡来制订。职能部门指组织里面所要涉及的专业部门，比如人事、行政、财务、研发、生产和销售，这些具体的部门都承担了特定的职能，且各个职能部门的指标通常是根据各自的权责由上面分解下来。很多人都有一些误区，认为只有人事、行政、财务等才属于职能部门，实际上，研发、生产、销售也是职能部门，不过他们的职能是直接经营活动，而人事、行政、财务是辅助

职能。

（一）职能部门的指标

平衡计分卡不能用来考核职能部门，那么职能部门怎么办呢？公司根据平衡计分卡从四个方面订立指标，根据各自的职责来将指标分解到各个职能部门和岗位，比如人事、行政、财务、后勤、法务和文化等，然后他们根据各自的职责来展开。

（二）事业部的指标

事业部指标怎么订？比如卖矿泉水的企业，全国有 150 个业务单元，目标是 150 亿元的销售额，最简单的做法是按一个业务单元一亿元的目标分拆下去，利润也一样。

（三）相关多元化集团

如果做全产业链、多元化的企业，比如农业企业兼做种子、种植、玉米加工和销售，这样就会有四个事业部，分别是专门做种子的事业部、专门做种植的事业部、专门做玉米加工的事业部和专门做销售的事业部。除了总部对他们进行考核之外，各事业部之间也有联系，所以互相之间也要考核。例如，做种植的事业部之所以产量不好，是因为种子事业部的种子有问题；玉米加工事业部之所以深加工多了，是因为种植事业部提供的玉米有问题；销售事业部之所以卖得不好，是因为玉米加工事业部加工的程度不好，多元化集团事业部之间又增加了一个内部客户的考核。

（四）多元化集团

如果是多元化的集团，各个事业部互不相关，考核的情况就又不一样了。比如整个集团有做软件的，有做农产品的，有做服装的，这时他们之间没有关系，但是跟总部有关系，总部就要分别给他们制订战略，然后再以战略为指导用平衡计分卡考核。

（五）作业层员工的指标

作业层人员的行为指标非常重要，一般分为两类：行为指标和结果指标，其中，行为指标来源于作业指导书或者标准作业程序。

就像你做一个汉堡包，如果中间的流程出了问题，最后的结果一定出问题。所以，对于操作层的员工来说，他们的指标主要是行为类指标，或者说是过程类指标。

但是，当我们定总经理的指标时就不同了，一般来说有两个指导思想：一是从财务的角度，定利润和效益类的指标，再往下分解或者分拆、平移；二是用平衡计分卡的思想定指标，平衡计分卡既要考虑财务指标，也要考虑驱动性指标。

【深度学习8】提高员工满意度，能否提高企业的绩效

在人力资源管理中，人们经常提到员工的工作满意度问题。

所谓工作满意度是指感觉到工作本身可以满足或者有助于满足自己的工作价值观需要而产生的一种愉悦的感觉程度。它受每个人的价值观影响，不同的雇员对同一种东西存在不同的价值判断，同时，工作满意度是（主观）感知，并不能全面、准确地反映客观实际情况。人们普遍认为，提高员工的工作满意度，可以提高员工的工作热情，降低人才流失率，从而提高企业的竞争力和绩效。因而，企业老板及高层管理人员要花费很多心思研究如何提高员工的工作满意度。

但是，我们对企业实际情况的调查结果告诉我们，实事并不总是如此。员工的工作满意度与绩效没有必然联系，并且，企业为了提高员工

满意度而努力，有时反而会对公司的绩效起到反面作用，原因在于以下几点。

第一，满意的员工不一定是高效的员工。

员工追求的满意同企业追求的高效率之间没有必然的联系。员工满意可能是因为工作很有趣、轻松，或者同自己喜欢的人在一起，或者有很高的待遇，或者在追求一些认为有价值的东西，而这些东西不一定都能使他为企业创造更高的效益。相反，有时候，员工并不满意，甚至很不满意，例如，压力很大或者职位受到威胁的时候，他却能够有很高的绩效，因为，他必须有高绩效，才能摆脱威胁、减少压力。极端的例子，如在生活中或者在战场上，当人的生命安全受到威胁的时候，人做事的效率会极高，但是，人们的满意度很低。

心理学的理论表明，人们摆脱不满的愿望，比获得满意的愿望更强烈。所以，有时可以适当地制造一些不满，然后，让员工通过努力摆脱不满。

第二，满意的员工为了保持自己的“满意”，不一定愿意在公司需要改革的时候改革。

例如，公司里往往有一些人，他们拥有很大的权力，很高的收入，他们的满意度很高，但是他们的工作绩效并不高。通过提高收入、增加权力会增加他们的满意度，但是，并不能提高他们的工作绩效，因为他们也许没有这样的能力，也许没有提升绩效的动力。

这样的公司随处可见，这样的公司要生存就要改革，而改革往往会剥夺这些人的部分权力或者降低他们的收入，这时候他们不可能满意，对改革一定持反对、抵制态度。

实际上，公司的任何改进都难免会削弱一部分人的权力、降低一部分人的收入或者增加更大的压力，这种情况下，这些原来满意的人当然不满意！但是，他们的工作效率反而提升了。因为，他们不马上行动起来的话，他们的收入就会马上降低，他们的权力很快就会被削弱。

第三，满意的员工可能只是中等，并不非常出色。

在企业中有些员工的能力平平，业绩一般，要求也一般，这些人容易满足，所以，他们的满意度可能挺高。但是，公司需要的是更高的业绩，公司的发展速度必须高于行业平均水平，公司的利润增长必须高过对手的利润增长，公司的竞争力必须要强于对手，所以，公司必须要有一些能力很强、企图心很大的员工，他们不满足于现在的业绩水平，也不满足现在的地位、收入。如果公司中这样的人多了，员工的满意度水平就会降低，但是，公司的业绩一定会不断提升。相反，如果公司里充满了安于现状的员工，员工的满意度可能很高，但是，公司的业绩一定不高。

第四，提升哪部分人的满意度也很重要。

企业中总会有一些低绩效者——捣乱分子、懒虫、能力低下者，这些人的满意度高了，企业就危险了。企业管理上的改善就是让他们不满意，因为不满意，就会设法改变现状。公司也要制订配套的制度，给他们两条路：要么提升绩效，要么走人。

第五，提高员工的满意度是否能够提高企业的绩效，还要看企业是如何定义绩效的，用什么衡量绩效。

例如，是用销售额，还是用利润衡量绩效，或者是客户满意度、品牌美誉度？我们分析以下几种情况：

如果用销售额来衡量绩效，我们假设在其他条件相同的情况下，企业采用提成薪酬制，员工的满意度同员工的收入成正比。这种情况下，企业的销售收入越高，员工的薪酬也就越高，员工的满意度就越高。

如果我们以企业的人均利润额衡量企业的绩效，提高员工的满意度（根据假设，员工的满意度随着收入增加提高），就不一定提高企业绩效，要看提成比例如何，还有公司的管理费用、销售费用控制的如何。

一般而言，影响工作满意度的因素主要有人格特征、工作任务、工作角色、上级与同事、工资与福利、个人发展空间、公司与员工的沟通情况等，在这些方面加以改善，就能够改变员工的满意度。

我们通过上面的分析，是想告诉读者这样一个观点：提升员工的满意度是一回事，提升企业的绩效是另外一回事，他们之间有一定的关系，但是，并不是简单的一一对应关系。

如果既要提升企业的绩效又要提升员工的满意度，那么我们就要认真分析影响员工满意的各要素，同时，明确企业的追求是什么——用什么衡量企业的绩效，然后，再寻找相应的解决方案。

对于那些热衷于通过提高员工满意度来提高企业绩效的人，往往喜欢做满意度调查，我们建议，在做满意度调查时，一定要在满意度调查表上加上预测绩效的问题。

例如：

（1）问一些能产生行动的问题，给经理们压力，传递能够使他们采取行动、改进绩效的信息。有针对性的、个性化的问题及改善绩效建议的问题很有用。

（2）确定调查的数据能及时反馈到老板处，并采取进一步的改善行动，或者至少给出合理的解释。

（3）调高调查的频率。每周都问简单的问题，并给老板周报表，让大家习惯及时反馈，让老板及时掌握员工的想法。

（4）让经理们负责行动，看他们怎样用这些数据，让他们共享好的做法。

（5）要让调查的问题反映出什么对业务最重要；不要太注重标准比较，集中精力帮助经理们——给他们可以采取行动的数据。

【深度学习 9】基于平衡计分卡的绩效考核体系

20 世纪 90 年代初，哈佛商学院罗伯特 · 卡普兰（Robert S. Kaplan）

教授和大卫·诺顿（David P. °Norton）博士指出："企业管理的战略目标不应该只关注企业的财务指标——资产负债表和损益表的指标如何，还应该综合考虑企业的财务指标之外的其他一些重要的非财务指标，只有这样才能够保持企业的长期、持续发展。"他们把这种管理思想归纳为平衡计分卡——BSC（Balanced Scorecard）。

平衡计分卡，是一种战略性人力资源管理思想和指导方法，就是说，在我们制订企业战略发展指标时，要综合考虑企业发展过程中的财务指标和一系列非财务指标的平衡，而不能只关注企业的财务指标。

具体内容如下：

（1）企业的战略目标是由企业的财务指标和一系列非财务指标构成的。

（2）企业的各个部门和企业的每一个员工的绩效考核指标，是由企业的战略目标分解得到的，将企业的战略目标分解到每一个部门，然后再分解到每个部门里的每一个员工。这样就把员工的日常工作跟企业战略目标建立一个自然的联系。

在平衡计分卡中，企业的财务指标主要包括资产负债表和损益表的指标，非财务指标主要包括：①顾客导向的企业经营绩效指标；②人力资源管理指标；③企业内部流程绩效指标；④企业学习、创新和发展绩效指标。

平衡计分卡被提出后，得到企业家和管理学家的高度关注和普遍赞誉，很快被一些企业成功运用在企业绩效评价体系中，成为企业绩效考核指标制订的指导和基础。目前，在国内开始受到高度重视，那么，使用平衡计分卡能给企业管理带来哪些好处呢？

（1）由于将员工的日常工作跟企业战略目标建立了一个自然的联系，企业战略目标的实现有了保障。

（2）由于企业的员工知道自己日常所做的工作是在为实现企业的战略目标做贡献，员工会比较有成就感、方向感，提高了员工的工作热情。

（3）分解指标的过程是一个高效的双向沟通过程，提高了企业的凝聚力，加强了员工对企业的认同度，降低了人才流失率。

（4）企业最高领导者，通过平衡计分卡方便自己把握企业内部各个部门清晰、全面的运作状况。

（5）在制订企业的绩效考核指标过程中会发现各个部门、各个岗位的设置是否合理、工作量是否合适。

（6）平衡计分卡帮助企业管理层梳理企业流程、发现企业中存在的各种问题，改善企业的管理水平。

根据平衡计分卡，我们在制订企业的战略发展目标（指标）时，要平衡考虑企业的财务指标及企业的非财务指标，包括：

（1）企业经营绩效指标（以顾客为导向），例如市场占有率、客户满意度、客户忠诚度、客户流失率、客户增加率和品牌价值等。

（2）人力资源管理绩效指标，如生产率、人工费用率、效益/人员费用、员工流失率和考评合格率等。

（3）企业内部流程绩效衡量指标（效率、失真度），例如采购流程、销售流程、生产流程、员工的建议流程、客户的投诉流程和请假流程等。

（4）企业学习、创新和发展绩效指标，如随环境变化（竞争对手、政策、客户/市场）的应变能力。

当我们考评一家企业经营得好不好，到底有没有价值，发展前景如何，可以综合考评这五个方面的指标，我们称之为企业的关键绩效指标——KPI。

确定企业的 KPI 一般需要有如下步骤：

（1）确定企业的 KPI。

（2）细化企业级 KPI 到各个部门及个人。

（3）为各个 KPI 设定评价标准（尺度）。

（4）审核 KPI，办法是：①由多个评价者对同一个绩效指标进行评价，看看结果是否一致。如果差异很大，就说明指标可能有问题，需要调整。②这些指标的总和是否可以解释被评估者 80% 以上的工作业绩目标？③这些关键绩效指标是否可操作？通过审核确保这些 KPI 能够全面、客观地反映被评价对象的绩效，同时易于操作。

在建立 KPI 体系时，应当遵守建立 KPI 体系的 SMART 原则：S（Specific）指具体，不能笼统；M（Measurable）可度量，指绩效指标是数量化或者可度量的，或者验证这些绩效指标的数据、信息是可以获得的；A（Attainable）可实现，指付出努力的情况下可以实现，避免目标过高或过低；R（Realistic）现实性，指绩效指标是实实在在的，可以证明和观察；T（time bound）时限，指完成绩效指标的期限。

一个非常重要的情况应该引起我们的注意：KPI 考核的可控制性，即任职者是否能控制该指标的结果。订立目标及进行绩效考核时，如果任职者不能控制，则该项指标就不能作为任职者的业绩衡量指标。

第九章
建立指标库与签订绩效合同的方法

一、如何确定各岗位的指标

好的 KPI 应具备以下几个特点，如图 9－1 所示：

好的 KPI 应有以下几个特点：

性质	说明	关键问题
可衡量性	• 量化的 • 易于衡量 • 明确定义并易理解	• 是否可以得到这个数据，并可以量化地或客观地表达？ • 指标是否有标准可衡量？ • 定义和计算方法是否明确、统一？
重大影响	• 对价值的驱动力 • 相关性 • 有重点的且经优先排序	• 指标测量的是短期价值创造还是长期价值创造并与经济价值的创造相连？ • 关键业绩指标是否反映了业务的最重要的价值驱动因素？ • 关键业绩指标是否鼓励了所期望的行为？
可操作性	• 可控制 • 可计算 • 公正、公平	• 所负责的具体单位或个人的努力是否会影响关键业绩指标？ • 关键业绩指标是否反映了职位的主要责任或关键业务流程的业绩？ • 业绩是否可以轻易地造假或歪曲？
平衡性	• 整体性 • 平衡取舍 • 支持各个职能	• 关键业绩指标是否经过平衡，避免了过多地强调业绩的单个方面？ • 关键业绩指标是否会误导经理人员追求短期成果，而非对成长的投资？ • 关键业绩指标是否体现了平衡取舍（如市场份额与利润）？ • 关键业绩指标是否与各个职能和业务单元的目标一致？

图 9－1 好的 KPI 应具备的特点

设计绩效指标应本着以下几个原则，如图 9－2 所示：

设计原则	好处
1）定量定性结合	• 对有形的结果和无形的质量都进行衡量，以全面评估总体业绩
2）长短目标结合	• 确保企业在重视短期成果的同时，重视长期增长目标
3）个人、部门和公司业绩一致性	• 不仅衡量个人业绩，也衡量个人对业务单元和集团成果的贡献，以保证可衡量性和组织内部的一致性
4）权重差异	• 在指标中使用不同的权重，以保证管理层把重点放在最重要的指标上面
5）目标挑战性	• 朝着更高的挑战性目标努力，以进一步驱动组织结构内部的业绩改善

图 9－2　绩效指标的设计原则

建立指标库和签订绩效合同的有效方法有哪些呢？

公司层面的指标可以根据财务类的指标或者根据平衡计分卡来定，各个部门的指标根据部门的职责来定，各个岗位的指标根据各个岗位的职责来定，这样就形成了三级指标，如图 9－3 所示。

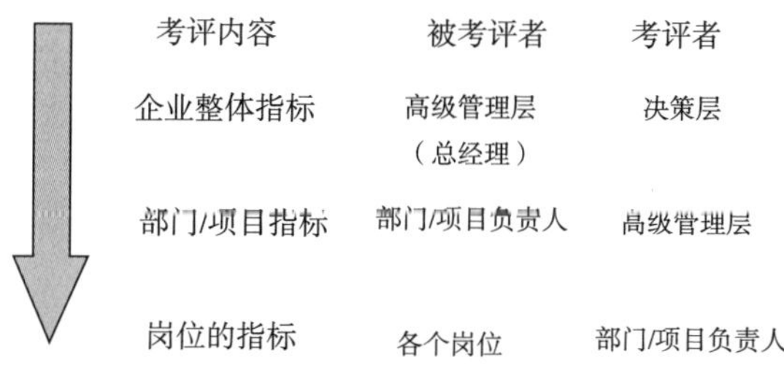

图 9－3　三级指标体系

这些指标可能在指标库里面，也可能在绩效合同里面。

指标库：任何一个考核对象，在不同的考核周期内都有指标，这些指标可能相同，也可能不同，而不同的可能性更大。例如，行政经理在不同的考核周期里，他的指标可能是不一样的，我们把对于这个岗位的所有可能的指标汇集在一起，称之为行政经理的绩效指标库。

绩效合同：在每次绩效考核周期开始之前，一般有上级同下级签订，有时有服务对象同被考核对象签订绩效合同。关于绩效的合同最核心的内容是：指标－权重－目标值，而指标库中是不包含权重值和目标值的。

二、获得 KPI 的方法

（一）平移和分拆

什么叫平移法？例如，一家公司的董事会给总经理制订考核销售收入指标，总经理把他的销售收入指标直接给了销售经理，其他人没有承担，这种方式叫平移。

什么叫分拆法？例如，董事会考核集团总裁的利润指标为一亿元净利润，集团总裁就要将这个指标分拆给十个事业部总经理。

（二）关键成功要素分解法

1. 鱼骨图

当我们进行成功要素分解时，可以用鱼骨图来表示，如图 9－4 所示。

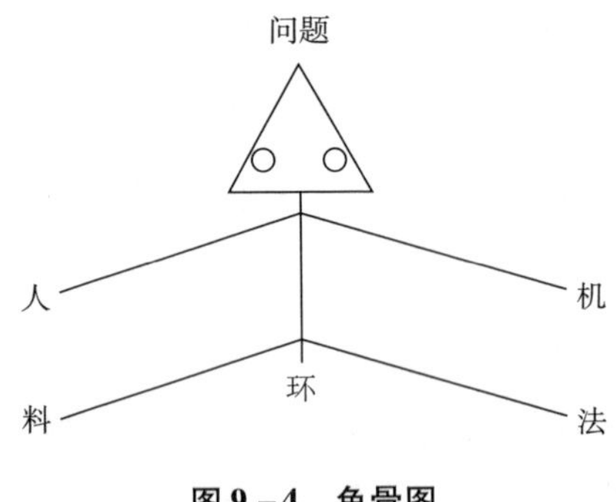

图 9－4　鱼骨图

鱼头是结果（或者问题），导致结果（或者问题）的很多原因可以通过鱼骨头的方式形象地表示出来。人们发现，在分析实体企业的质量、成本、安全、交货期等一些重要问题时，从“人－机－料－法－环”五个方面分析会更系统、更全面。于是，在实体企业分析成本、质量、安全等问题使用鱼骨图的时候，总是会出现“人－机－料－法－环”，成为企业常用的分析工具。这个工具是一个通用的分析工具，可以用在很多方面，包括提炼绩效考核指标。

例如，获取利润是正常企业的最重要的绩效考核指标，把利润这个指标分解，就可以使用鱼骨图这个工具。我们先思考，影响利润的成功因素有哪些？我们可以用两种思路来分析：

思路一，要素分解。用鱼骨图的方式进行分解，鱼头是利润，要的是结果，导致利润高或者低的因素每一个都用一根鱼骨表示，这样鱼骨图就画出来了，指标就分解出来了。一家公司获取利润主要靠每一个部门的共同努力来实现，要想获取利润，产品设计必须要好，生产要高效，采购要合理，储运和交付及售后也都影响利润。

思路二，利润分解。

利润＝销售收入－材料成本－制造费用－管理费用－销售费用－财务费用－税收

分析这个公式中的每一项就可以分解出各个部门的考核指标，例如，销售收入受哪些部门的影响，这些部门的考核指标中就有销售收入这个指标，以此类推，就可以从各个部门把指标分解出来。然后，各个部门内部再展开分解，根据部门内部各个岗位的职责，由上级同下级一起讨论、提炼各个岗位的考核指标。虽然跟分拆思路不一样，但是最后的结果应该是一样的。

鱼骨图的经典分解产生之后，人们发现在解决一些实体企业的成本、质量和交货期等问题的时候，从五个方面来考虑会更加完整，就是鱼骨图的5M，即实体经济、质量问题、成本问题、交货期问题和安全问题。以质量问题为例，质量问题可能是人的问题，也可能是机械、原料、方法的问题，这几个方面都可以在鱼骨头中得以体现。

但是像员工流失率这样的指标，就不能从人、机、料、法、环五个方面来分析，同样的，投资、金融、股票也不行。所以，要界定鱼骨图的使用范围。

2. 头脑风暴法

头脑风暴法的过程如表 9－1 所示：

表 9－1 头脑风暴法的过程

1. 一个主持人兼记录	
2. 所有参与者清楚地理解主题	
3. 风暴过程	➢ 一个特定问题，不能跑题
	➢ 不忽视任何微弱的声音
	➢ 不评价、批评任何建议
	➢ 限定时间，及时终止讨论
4. 整理、评价	

第一，在头脑风暴法的过程当中，要针对一个特定话题，不能跑题。比如关于改善交货期这个问题的头脑风暴，在包括设计人员、采购人员、仓储人员、销售人员、客户和供货商等在内的 15 个人讨论的时候，主持人不能忽略任何一个微弱的声音，不管谁发言都要记录下来。第二，不要评价，更不能批评任何一个提建议者，即使他说得很荒唐。头脑风暴就是要提倡用非常规的方法、创新性思考，找到一种创造性解决问题的方法，一般参与的人数是十几个人，限定终止时间，以半个小时为宜，头脑风暴完之后进行整理评价。

三、建立指标库的方法

建立指标库的模型如图 9－5 所示：

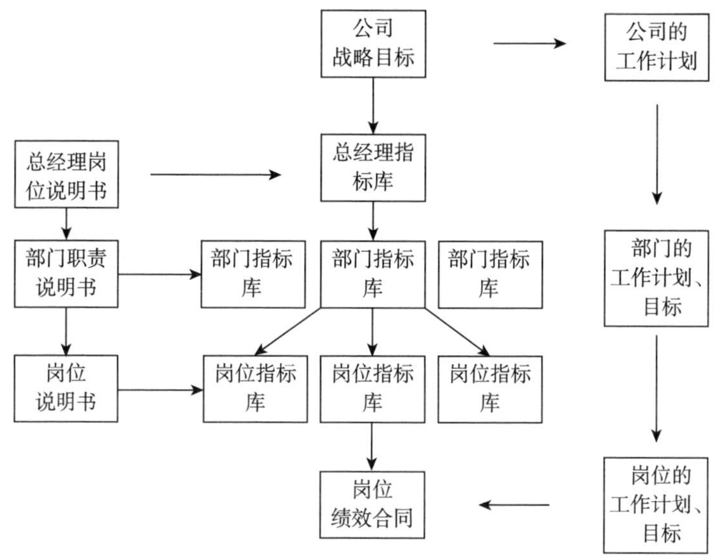

图 9－5　建立指标库的模型

（一）指标库的建立

每一个岗位都要建立指标库，指标库要根据这个岗位的职责来确定，而岗位职责一般在岗位说明书中有明确描述。岗位说明书中的每一项工作任务都可以制订一个或几个指标，把这个岗位所有可能的考核指标提炼出来，就形成了这个岗位的指标库。

每个考核对象都有指标库。总经理的考核指标是根据总经理的岗位职责建立的，如果考核对象是部门，也要建立部门的绩效指标库，部门的指标库根据部门职责说明书建立。指标库中包含的指标有定量指标，一般都是数学公式，最常见的定量指标就是财务类指标，也包括各种“率”，比如利润率、成本费用率、各类增长率、市场占有率等。

定性指标如何制定、怎样考核?

定性指标通常是难以考核的一部分，主要表现在数据难以采集和考核不容易打分。

图9-6是常见的企业采用定性指标的考核及打分方法（不推荐使用）。

	关键业绩指标	工作目标设定
共同点	·针对目标岗位的工作职责与工作性质设定 ·由对公司战略目标分解得出，基于关键价值驱动因素 ·反映关键经营活动的效果；而非全部操作过程 ·由主管经理设定，并经员工认同	
不同点	·衡量定量结果 ·结果导向 ·由客观计算公式得出 ·侧重考察当期业绩 ·侧重考察对经营成果有直接控制力的工作	·衡量定性的效果 ·行为导向 ·由主管经理评分得出 ·可以考察长期性工作 ·可以考察对经营成果无直接控制力的工作
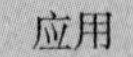 应用	·直接经营管理及业务人员以KPI为主	·支持职能性人员以GS为主

图9-6 常见定性指标范例

表9-2 GS由上级主管在期末评分举例

雇员姓名：XXX　　职位：财务部总经理　　总得分：2/2.5

业务单位：YYY　　主管经理：ZZZ　　总权重：50%

个人工作目标与目的

每名员工设定3~5个工作目标或目的。工作目标应反映当年公司对该雇员完成工作的期望。员工和经理对评估标准及时间需达成一致意见。

年初设定			年度总结	
GS指标	评估标准及时间	权重	实际业绩	打分
1. 按时提交财务分析报告	在季度结束10天内提交财务报告. 15天内提交规定的分析报告	15%	财务报表及分析报告均准时提交无延误	4
2. 财务信息准确完整	财务报告包含了全部重要信息.且统计计量规范准确. 查询时能提供完整数据及解释	10%	财务报告信息基本完整准确. 查询中有数次统计口径不一致 需要进行调整	3

续表

年初设定			年度总结	
GS 指标	评估标准及时间	权重	实际业绩	打分
3. 成功协调预算谈判程序	为年度预算谈判提供完整信息、及时协调及充分支持．按时完成预算过程	10%	对预算提供了非常有效的支持．工作日程安排合理．资源调动充分．为管理层提供的决策支持获得高度好评	5
4. 客观评价固定资产	按时出具规范的资产评估报告	5%	能按照出具符合专业规范的资产评估报告。但对残值的估算欠缺周密考虑	2
5. 高效管理流动资金	合理安排流动资金满足生产经营需求． 未发生影响生产事件	10%	流动资金的调配合理．未出现资金短缺 剩余流动资金能及时用于赚取采购折扣	5

级别划分

（1）远远超过期望：结果远远超过大部分设定目标的期望，并能对公司的整体目标承担更多的责任。

（2）达到以及超过期望：结果达到大部分的目标，结果在某些区域超过期望，并有助于公司的整体目标。

（3）未达到期望：结果未达到部分或大部分目标，工作低于可接受的标准，并对公司的整体目标有负面的影响。

管理部门或岗位的绩效指标以 GS 为主，具体如表 9－3 所示。

表 9－3　管理部门或岗位绩效定性指标的影响因素

- ■ 主要考虑其主要工作的工作量以及完成工作时间、质量和成本四方面的影响因素：
  - ➢ 工作量：工作负荷是否很高？或者编制是否很低？
  - ➢ 时　间：完成主要工作是否及时？
  - ➢ 质　量：各主要工作的质量如何？
  - ➢ 成　本：完成主要工作时的费用支出是否合理？
- ■ 由于工作性质，管理部门的业绩指标有较多定性指标，但也结合一些定量指标的考量，尤其是部门预算/费用的控制。
- ■ 对管理部门的考核除了他们的上司以外，有部分来自于各业务部门及其他职能部门，能保证其服务能够最大限度地满足其他部门的需求，保证公司整体运作的最佳效应。

对 GS 指标设定需要通过定性评分表的形式加以量化，具体考核如表 9－4 所示。

表9－4 定性评分表

对定性指标的考核				
GS指标	远超期望	超过期望	达到期望	低于期望
1.主导业绩考核流程的建立与推广	·提前、高质量地全面推广，运作非常顺利	·完全按时地进行全面推广，没有严重问题	·基本按计划进行全面推广，但有较少的问题	·无法按计划全面推广流程，有较多问题无法解决
2.预算计划/程序效用与效率	·完全及时地完成高质量的年度预算计划，精确度极高	·及进完成预算计划，精确度较高	·基本及时完成年度预算计划，但与实际有一定差距	·无法及时完成年度预算计划，计划的质量较差，与实际差距较大
3.财务报表的准确性及及时性	·一直提前提交报表，非常精确	·按时提交数据无差错	·按时提交，偶尔个别数据有问题	·经常不能按时提交，数据质量差

为什么大家会觉得职能部门的指标难定？这个问题的解决需要我们使用指标转化技术，就是将这些定性的考核指标转化成定量指标。转化时，使用的方法是QQTC法（Quantity-Quality-Time-Cost），就是对于任何一个定性指标，如招聘、培训、财务分析、战略规划、技术改革项目、质量提升项目等，都可以把定性指标按照数量、质量、时间和成本4个方面给出描述性定义。

例如招聘工作，不同招聘专员的招聘工作是不同的，主要的差异体现在四个方面：①招聘工作的工作量（Q）；②招聘工作的质量（Q）；③招聘工作的及时性（T）；④招聘工作的成本（C）。关键难点是定义好该员工的招聘工作在四个方面的标准。因此，问题的关键是首先定义好标准，记录员工的工作状况，然后，以此为标准，对该员工打分。下面给出一个使用工具，**针对“校园招聘”这个指标的定义，可以使用表9－5：**

表9－5　定性指标定量转化定义表

等级	得分（举例）	工作量（Q）	工作质量（Q）	及时性（T）	花费成本（C）	备注
超出预期	1.2					
优秀	1.0					
良好	0，8					
及格	0.5					
尚可改进	0.3					
无法接受	0					

定性指标有很多，定性指标要转化成定量指标，通常采用的方法在前面已经介绍过了。

（二）绩效合同和指标库的差异

绩效合同（又叫考评表）有目标值，**指标库（又叫指标表）**无目标值；绩效合同有权重，指标库无权重；指标库是这个岗位或者这个部门所有的可能的指标，但是绩效合同是针对当期的这个阶段，一个月或者季度的目标值和权重。

四、签订绩效合同六步法

（一）前期准备

（1）绩效合同示例，有的绩效合同可以只用一张考核表囊括所有指标，具体如表9－6、表9－7、表9－8和表9－9所示。

表 9－6　年度总经理 KPI 考核表

序号	KPI 名称	定义	计划目标值	实现目标值	计算规则	权重	数据来源	加权后合计得分
1	营业额	期内产品加工总额（含税）			（实际销售额/目标销售）＊权重分	30%	财务部	
2	当月货款回笼率	每月实收金额/每月应收金额＊100%			大于等于 98% 满分，每减少 1% 扣 1 分，小于等于 88% 为 0 分	20%	财务部	
3	利润额（万元）	利润总额×（1－所得税率）			（实际利润/目标利润）＊权重分	15%	财务部	
4	质量损失占营业额比	索赔费用/营业额＊100%			小于等于 0.4% 满分，每增加 0.05% 扣 2 分，高于等于 0.85% 为 0 分	10%	财务部	
5	交期达成率	（1－未达成批次/总批次）＊100%			大于等于 99% 为满分，每降低 0.5% 加 1 分，低于等于 94% 为 0 分	10%	业务部	
6	主要成本占营业额比	主要成本/营业额＊100%，主要成本为水电、材料、租车费			等于低于 50% 为满分，每增加 1% 扣 1 分，高于 60% 为 0 分	10%	财务部	
7	人员流失率	本月净流动人数/［（月末人数＋月初人数）/2］＊100%			小于等于 7.5% 为满分，每增加 0.5% 扣 2 分，9% 以上得分为 0	5%	企管部	
合计得分								

表 9－7　年度企管部 KPI 考核表

序号	KPI 名称	定义	计划目标值	实现目标值	计算规则	权重	数据来源	加权后合计得分
1	招聘及时率	以人员补充申请表的时间为准	100%		每错误一次扣 5 分	15%	企管部	
2	工资核算及时准确性	按薪资核算时间表查核时间，由企管部原因造成的不及时或不准确扣分	100%		每错误一次或延误一次扣 4 分	15%	财务部	

续表

序号	KPI 名称	定义	计划目标值	实现目标值	计算规则	权重	数据来源	加权后合计得分
3	制度制定的达成率	年度需达成的制度制定目标	按照年度计划目标值		每少于一次扣 5 分	15%	厂务	
4	培训达成率	每月由企管部组织并查核的培训为培训考核项，按培训记录表查核。	3 次		每月大于等于 3 次为满分，减少一次扣 5 分	10%	企管部	
5	录用辞职手续办理及时性	4 天内办理入职手续，以徐董核准为准；3 天内办理离职手续，以徐董按准离职薪资为准。	100%		每错误一次扣 3 分	10%	企管部	
6	绩效考核结果统计的及时和准确率	每月 15 日前 KPI 考核提报的时间，	100%		每错误一次或延误一次扣 5 分	10%	厂务	
7	查核及时准确性	对重要工作项目及会议决议事项的查核，按每阶段的查核计划表打分，阶段会议上通告	100%		每延误一项扣 2 分	10%	厂务	
8	制度查核的达成率	对现有制度的查核，每阶段会议上通报制度的查核情况。	3 次		每少于一次扣 5 分	10%	厂务	
9	出勤统计及时性准确性	每日按出勤表统计查核	100%		每错误一次或延误一次扣 2 分	5%	企管部	
合计得分								

表 9－8　年度财务课 KPI 考核表

序号	KPI 名称	定义	计划目标值	实现目标值	计算规则	权重	数据来源	加权后合计得分
1	对账开票及时准确率	此月 15 号前对账完毕，没问题的客户 15 号前开具发票，有问题的 15 号前提报业务及厂务，要求在 3 天内处理完毕，没有处理完毕的，再进行提报	100.00%		每错误或延误一次扣 5 分	20%	业务部	
2	月度经营成本分析及时性	每月 12 号前上交厂务及总公司	100.00%		每延误一天扣 5 分	20%	企管部	
3	应收账款催款报表	应收报表单独考核，财务每月 5 号向相关部门提供应收报表，每月 10、20、30 号提供催款报表，针对长时间拖欠贷款，付款出现异常的客户重点提报	100.00%		由于财务报表数据延误或出错，导致业务收款的一次扣 5 分	15%	业务部	
4	账务准确率	重点考核预付账款、其他应收款、个人借款的跟踪，出现预付账款、其他应收款发票无法开具，且款项无法收回，个人借款没有扣回。费用票据的审核没有按照税法和公司规定。付款出错且无法追回	100.00%		每错误一次为 0	15%	财务部	
5	报表及时准确率	资金流量表每周二前，应付报表次月 5 号，财务分析报表次月 12 号前（因车料的费用表于 10 日前收到，收到车料费用表的第二天交财务分析表），月度会议财务数据分析资料根据企管要求	100.00%		每出错或延误一次扣 2 分	10%	财务部	
6	档案保管完整及时性	次月 20 日前整理完当月会计档案，上交档案清册。收到业务及其他部门移交的档案办理移交手续。	100.00%		延误一天扣 1 分，延误两天扣 5 分，延误三天 0 分，遗失档案一次扣 5 分，两次 0 分	10%	企管部	
7	工资发放准确率	由于失误，多发工资一次，视为出错一次	100.00%		每出错一次该项为 0 分	5%	企管部	
8	报税及时率	出现滞纳金，视为报税不及时一次	100.00%		每出现滞纳金一次为 0 分	5%	企管部	
合计得分								

表9-9　年度业务部考核表

序号	KPI 名称	定义	计划目标值	实现目标值	计算规则	权重	数据来源	加权后合计得分
1	当月货款回笼率	每月实收金额/每月应收金额×100%	98%		大于等于98%满分，每减少1%扣0.5分	25%	财务部	
2	销售收入	期内产品销售的货币收入总额（含税）	按每月计划目标值（年度目标值××万元）		（实际产量/目标产值）×权重分	20%	财务部	
3	积欠货款回笼率	当月实收积欠金额/积欠应收总金额×100%，（坏账核销）	25%		大于等于25%满分，每减少1%扣0.5分	15%	财务部	
4	新客户开发数	加工费在2000元以上的新客户	5家		按每月计划数，每少开发一家扣2.5分	15%	财务部	
5	客户投诉处理及时性	接到客户投诉当天处理，7个工作日内处理完毕	100%		每延误一次扣5分	10%	厂务	
6	销售费用占比	销售费用/销售收入×100%，销售费用包括差旅费、人工工资、业务招待费、小车费用、电话费、广告费等	1.60%		每提高0.01%，扣1分；高于或等于1.63%，为0分	5%	财务部	
7	客户流失	停止加工3个月以上	0		每流失1家扣5分（停止加工三个月以上）	5%	财务部	
8	对账及时准确率	客户每月结账单财务核对后，如应业务问题造成延误或错误未达成	100%		每延误或错误一家扣2.5分	5%	财务部	
合计得分								

（2）**设定目标的SMART原则**：绩效合同最核心的内容是“三定”，即定指标、定权重、定目标值，在签订绩效合同时，要遵守以下几个原则：

第一，具体明确，不能笼统。比如，工作态度、客户满意度和员工满意度这样的指标不可以作为独立的指标，一定要细化。

第二，可以客观衡量。

第三，一定是努力之后可以达成的。考核结果呈正态分布，绩效为优的人是少数，绩效为差的人也是少数，大部分人处于中间，这样的目标值是努力之后可以达成的。

第四，与关键职责相关。不是你的职责，不能用指标考核你，谁的职责考核谁。被考核者可以影响结果的指标要考核，否则就不作为考核指标，比如外部环境导致他的绩效不好，与他个人努力与否无关，就不考核。

第五，有时间限制。

（3）**设定目标值的五大模式**。指标是解决我们评价什么的问题，目标值是解决我们应该达到什么水平的问题。怎样让目标值不高也不低，下面有五种模式。

第一，基于以往的业绩。要在以往的业绩基础之上，根据公司总体的战略目标设一个增幅，通常业务单位的增幅要高于公司总体的增幅，否则就实现不了。

第二，要高于本地区本行业的增幅，如果比行业低，最后只有一条死路。

第三，设定的评价标准一定要与竞争对手比较，高于对手你才能赢。但是这里有一个难题，就是你怎么知道对手的指标？没有关系，找行业的标杆企业。

第四，对比本公司的同类标杆岗位以往的业绩和现在的业绩。大公司有标杆岗位，小的公司可能找不到。

第五，强制分布，保证少部分优、少部分差，大部分合格。强制分布总有一些缺陷，是没有办法的办法。如果目标定的合理，个人努力之后就可以完成，就不需要强制分布。强制分布在什么情况下用？在没有数据支撑，也不能客观衡量，只能凭主观评估，或者绩效结果一样的情况下使用。强制分布的效果不好，具体表现在轮流做庄。

这五种方式归纳起来就是公司的战略，如果我们公司的战略目标是经过公司的能力分析、对手分析、同行分析、客户分析和供应商分析而形成的战略规划，以上的这些问题就统统解决了。

（二）实施六步法

如何在签订绩效合同的时候，将指标、目标值及权重定的更科学更合理，需要六步。

第一步：明确集团愿景和战略，运用平衡计分卡等管理工具，对集团战略目标体系进行分解，形成公司战略地图。

假设用平衡计分卡对战略目标进行分解，首先要把平衡计分卡梳理一下。平衡计分卡强调指标，既要强调公司的指标不仅要从财务方面考虑，还要考虑客户层面、内部运用层面和学习与成长方面。

那么，公司级的指标和总经理的指标怎么对接？一种是总经理的指标等同于公司的指标，另一种是用他的个人考核结果乘以 30%（此处为举例，具体权重根据他的工作对于整个公司的影响程度决定。如果他是全面负责公司整体工作的总经理，并且没有分管任何具体工作，就可以把公司的绩效作为他个人的绩效；如果他是一个分管某项工作的副总，那么在他的绩效中，公司的绩效在他个人的绩效考核结果中的比重就比较小，主要以他具体分管的工作考核为主），公司的考核结果在他的考核中所占的权重相对小一些。

总经理拿到指标之后怎么分解？最常见的方法是，首先建立战略地图，用平衡计分卡的四个维度加以分解。**从财务方面，**要提高盈利水平、资产利用率，控制合理的财务结构等。**从客户方面，**要提高市场份额、客户满意度等。**从内部运营层面，**要提高战略管理水平、项目分析及研发能力，以及业务流程管理水平等，也就是通过平衡计分卡，把公司战略变成一些指标，这些指标就是总经理和副总经理这个层面的指标。**从学习与成长层面，**要提高员工技能水平，提高整体劳动生产率，积极创建企业文化，提高员工满意度等。具体如表 9－10 所示。

表 9－10　用平衡计分卡分解后的公司战略目标

实现公司战略目标	财务（Finance）	提高盈利水平
		提高资产利用率
		控制合理的财务结构
	客户（Customers）	提高市场份额
		提高客户满意度
		提升产品（服务）质量
		建立良好的企业和品牌形象
	内部运营（Operations）	提高战略管理水平、项目分析及研发能力
		提高业务流程管理水平
		提高管理流程优化能力
		建立并持续改善公司管理体系
	学习与成长（learning&development）	提高整体劳动生产率
		积极创建企业文化
		提高员工满意度
		提高信息化应用水平

通过对公司战略的目标解读，从平衡计分卡四个方面提炼出公司层面的指标，然后利用“指标分解矩阵”分解公司层面的指标，如表 9－11 所示。

表 9－11　分解后的公司指标

☆主责　　△次责

		关键成功因素			关键指标	第一事业部	第二事业部	第三事业部（在建）	战略与投资部	运营管理部	信息管理部	财务部	人力资源部	研发中心	总裁办	董秘办	内审部
财务	1.1	提高盈利水平	1.1.1	提高投资收益率	项目投资收益率				☆			△					
			1.1.2	增加销售收入	销售收入达成率	☆	☆										
			1.1.3	降低成本	材料成本与预算的差异率	△	△					☆					
					直接人工成本与预算的差异率	△	△	△				☆	☆				
					制造费用与预算的差异率	△	△					☆					
			1.1.4	降低费用	销售费用与预算的差异率	△	△					☆					
					管理费用与预算的差异率	△	△	△	△	△	△	☆	△	△	△	△	△
					融资费用控制率							☆					
					税务筹划返还率							☆					
			1.1.5	提高营业利润率	利润率	☆	☆										
	1.2	提高资产利用率	1.2.1	提高资本周转率	流动资产周转率	☆	☆						△				
			1.2.2	提高长期资产周转率	固定资产周转率	△	△		△	△	△	△	☆	△	△	△	△
			1.2.3	提高应收账款周转率	应收账款周转率	☆	☆						△				
	1.3	控制合理的财务结构	1.3.1	更合理的流动比率	流动比率						△		☆				
			1.3.2	更合理的资产负债率	资产负债率						△		☆				

续表

		关键成功因素			关键指标	第一事业部	第二事业部	第三事业部（在建）	战略与投资部	运营管理部	信息管理部	财务部	人力资源部	研发中心	总裁办	董秘办	内审部
顾客	2.1	提高市场份额	2.1.1	提高区域市场份额	市场占有率	☆	☆										
			2.1.2	提高区域目标客户开发成功率	目标客户开发成功率	☆	☆										
	2.2	提高客户满意度	2.2.1	提高客户满意度调查得分	客户满意度	☆	☆										
			2.2.2	提升客户关系管理水平	客户关系	☆	☆										
	2.3	提升产品（服务）质量	2.3.1	提高产品品位	当期平均品位提升率		☆										
			2.3.2	提高产品质量	产品合格率	☆	☆										
	2.4	建立良好的企业和品牌形象	2.4.1	提高产品认知度	目标客户产品认知度	☆	☆										
			2.4.2	提高品牌认知度	品牌认知度	☆	☆								☆		
内部运营	3.1	提高战略管理水平	3.1.1	提高行业研究报告的质量	行业研究报告质量				☆								
			3.1.2	提高战略规划水平	战略规划报告质量				☆								
					产品市场份额增长率	☆	☆		△								
			3.1.3	提高（投资）项目分析能力	项目可行性分析报告质量				△							☆	
		提高研发能力	3.1.4	加强科技创新与技术研发	技术成果转化率	☆	☆										
					专利数量	☆	☆							△			
					科技创新战略研究报告质量	☆	☆		△					△			

续表

	关键成功因素				关键指标	第一事业部	第二事业部	第三事业部（在建）	战略与投资部	运营管理部	信息管理部	财务部	人力资源部	研发中心	总裁办	董秘办	内审部
	3.2	提高管理流程优化能力	3.2.1	提高经营管理水平	经营分析报告完成情况	△	△			☆							
					经营分析报表及时性、准确性	△	△			☆							
					目标管理责任书签订完成率	△	△						☆	△			
			3.2.2	提升年度预算管理水平	全面预算准确率	△	△	△	△	△	△	☆	△	△	△	△	△
					资金需求预测准确率	△	△					☆					
				提升财务管理水平	财务报表准确率	△	△					☆					
					财务报表及时率	△	△					☆					
					日常会计核算工作质量	△	△					☆					
					成本费用分析报告完成率	△	△					☆					
					固定资产账实相符情况	△	△					☆					
			3.2.3	提高审计质量	内部审计报告的质量												☆
					内部审计计划完成率												☆
					专项审计完成率												☆
					财务决算审计质量												☆
			3.2.4	提升人力资源管理水平	人力资源规划质量	△	△						☆				
					员工总量控制达成率	△	△						☆				

续表

关键成功因素				关键指标	第一事业部	第二事业部	第三事业部（在建）	战略与投资部	运营管理部	信息管理部	财务部	人力资源部	研发中心	总裁办	董秘办	内审部
				招聘计划完成率								☆				
				试用期合格率								☆				
				培训计划完成率								☆				
				绩效考核开展情况	△	△						☆				
				薪酬总额与预算的差异率	☆	☆						△				
				薪酬福利核算的准确性								☆				
				关键员工流失率	☆	☆	☆	△	△	△	△	△	△	△	△	△
		3.2.5	提高行政、后勤、法务管理水平	行政重点工作督办反馈率										☆		
				档案归档管理工作的有效性						△				☆		
				宣传工作成效										☆		
				后勤管理工作成效										☆		
				法律符合性审核的有效性										☆		
		3.2.6	提高各职能服务的内部客户满意度水平	内部服务满意度	☆	☆	☆	☆	☆	☆	☆	☆	☆	☆	☆	☆
3.3	建立并持续改善公司管理体系	3.3.1	加强流程制度体系建设	制度与流程的改善计划完成率	△	△	△		☆							△
				制度流程宣贯、落实工作的有效性					☆					△		
				经过认定的违反制度次数	☆	☆	☆	☆	☆	☆	☆	☆	☆	☆	☆	☆

续表

	关键成功因素				关键指标	第一事业部	第二事业部	第三事业部（在建）	战略与投资部	运营管理部	信息管理部	财务部	人力资源部	研发中心	总裁办	董秘办	内审部
			3.3.2	加强安全、质量、环保体系建设	安全、质量、环保制度建设情况	☆	☆	☆									
					安全、质量、环保检查、宣传活动完成率	☆	☆	☆							△		
					安全、质量、环保技术改造工作开展情况	☆	☆	☆		△							
			3.3.3	加强风险管控体系建设	风险管理体系建设完成率					△		△					☆
					风险管理业务（风险识别、风险评估及风险措施）工作完成率	△	△	△	△	△	△	△	△	△	△	△	☆
学习与成长	4.1	持续提高员工技能水平			员工技能提升率	☆	☆	☆	☆	☆	☆	☆	☆	☆	☆	☆	☆
	4.2	积极创建企业文化			企业文化建设工作成效	△	△	△	△	△	△	△	△	△	☆	△	△
	4.3	提高员工满意度			员工满意度	☆	☆	☆	☆	☆	☆	☆	☆	☆	☆	☆	☆
	4.4	提高信息化应用水平			信息化建设工作成效	△	△	△	△	△	☆	△	△	△	△	△	△

第二步，建立关键成功因素与绩效指标关系。

确定的这些指标，再通过关键要素分解法进行分解。质量提升的关键成功因素有生产工艺的改进、操作流程的严格执行、品质管理，这些成功要素分别对应相关的一个或者多个指标，如生产工艺的管理对应工艺的合理性、工艺改善建立的项目数量等。关键成功因素支撑产品品质，而这些关键成功因素也由一些指标来支撑，这些指标分别由事业部内部的相关部门来承担，如图 9－7 所示。

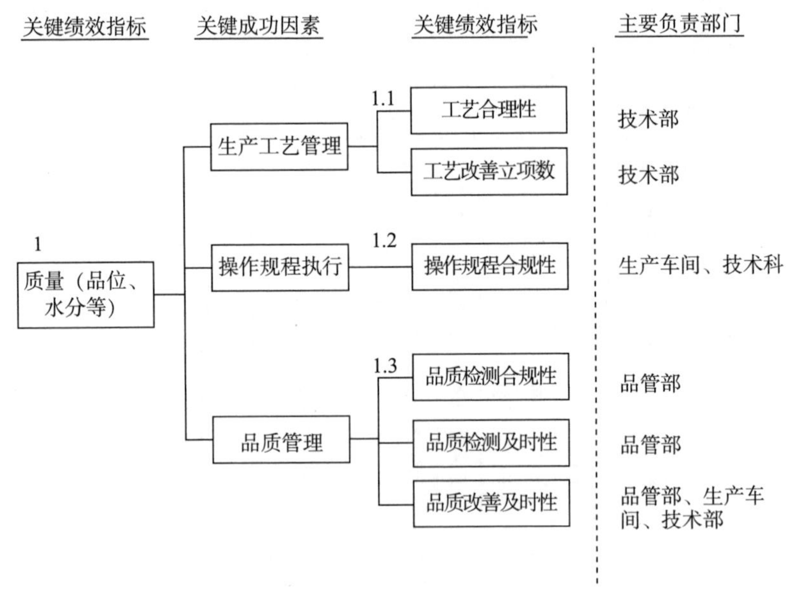

图 9－7　质量提升关键成功要素分解出的各部门指标

以学习与成长方面为例，某一个事业部想要提高整体的劳动生产率，而影响员工劳动生产率提高的因素包括持续提高员工的技能水平、积极创建企业文化、提高员工的满意度和完善内部信息化等方面。这些关键成功因素后面也有一个或多个指标支撑，这些指标分别可以分解到各个相关部门，如图 9－8 所示。

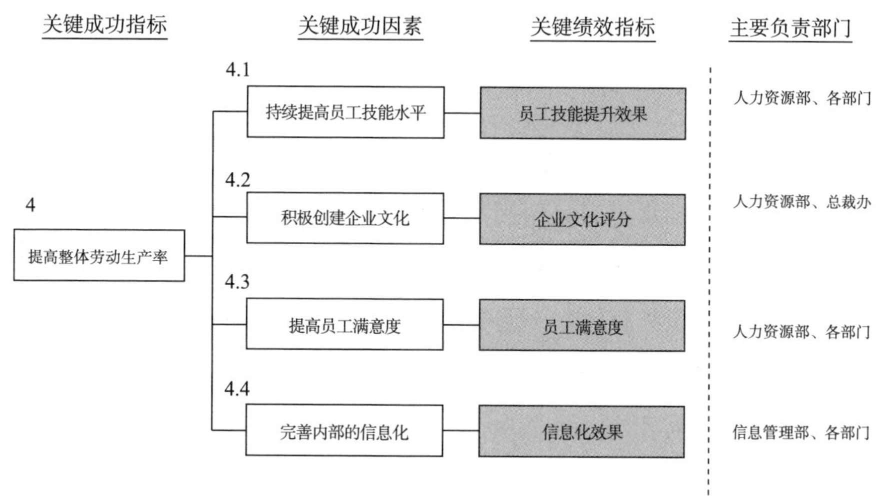

图9－8　整体劳动生产率提高关键成功要素分解出的指标

如果形成的这些指标有问题怎么办？

第三步，依据指标测试原则对初步选定的指标进行测试和修正。

（1）**指标是不是容易理解**？能不能用公式来定义？能用公式定义是最好、最直接、最准确的。如果公式定义不了，用语言能不能很精准地描述清楚？怎么知道有没有描述清楚？问别人，如果别人不能理解，说明会有被误解的可能性。

（2）**指标是否可控制**？指标的结果是否有直接的责任归属？绩效考核结果是否能够控制？

（3）**指标是否可实施**？是否可以用行动来改进该指标的结果？员工是否明白应该采取何种行动对指标结果产生正面影响？

（4）**指标是否可信**？是否有稳定的数据来源来支持指标或数据构成？数据能否被操纵使绩效结果看起来比实际更好或更糟？数据处理是否会引起绩效指标计算的不准确？

（5）**指标是否可衡量、可量化**？指标是否有可信的衡量标准？是不是能够比较简单地被衡量出来，是否需要为了获得数据付出更多的代价？

（6）**指标是否可低成本地获取？**有关指标的数据是否可以直接从标准报表上获得？获取指标的成本是否高于其价值？该指标是否可以定期衡量？

（7）**指标是否与整体战略目标一致？**该指标是否与某个特定的战略目标相联系？指标承担者是否清楚企业的战略目标？指标承担者是否清楚该指标是如何支持战略目标实现的？每个阶段的考核指标都应该与那一个阶段的战略重点相匹配，需要评估该指标是不是与整体指标一致。

（8）**该指标是否与整体绩效指标一致？**该指标和组织中上一层的指标、下一层指标有联系吗？

自己这个层级的指标要跟上级考核自己的指标一致，自己给下属的指标也要与上一级指标对应起来。如果自己给下属的指标和上级给自己的指标不对应就会出现问题。

第四步，根据企业当期的经营战略重点，在指标中进一步筛选并确定权重，形成当期的绩效考核指标体系。

通过这一过程，对初步给出的各岗位、各部门的指标进行修正和筛选，确定指标之后，根据一个月、一个季度，或者半年的战略重点，进一步筛选，确定权重。

关于设定权重的一些经验

- **指标数控制在 8～12 个之内。**指标越多，各个指标所占的权重会越来越小。要想确保你想抓的指标有足够多的权重，指标就不要太多，那么多少指标合适？建议 3～7 个之间，我们有一个经验数据，最多控制在 8～12 个之内。不要超过这个。过多的考核指标导致员工分散注意力，且多数指标重复。

- **每个 KPI 权重一般不高于 30%。**过高的权重易导致该员工“抓大头扔小头”，对其他与工作质量密切相关的指标不加关注。且过高的权重会使员工考核风险过于集中，导致整年的绩效薪酬受很大影响。但是如果指标只有四项，那么权重值最大的可能为40%，甚至50%。

- **每个 KPI 权重一般不低于 5%**，太低会对考核结果缺少影响力，也容易导致员工“抓大头扔小头”。如果指标非常多，有21个或者23个指标，每个指标只有一点点权重，作用不大。
- **权重是 5 的整倍数，可简化计算的难度。**

企业在经营过程中，会随着市场环境和企业内部状况的变化而变化。经营者、管理者在不同的时期会设定不同的战略目标，不同时期的关注重点也会有所变化，这种变化必须通过绩效指标的变化和调整来引导员工将注意力集中于企业当期的经营重点。

我们将企业在不同时期关注的绩效指标形成以战略为导向的绩效指标体系，而将企业不同时期绩效指标体系的集合称为绩效指标库。企业必须建立动态开放的绩效指标库，通过不断地完善和积累，形成企业的资源库，根据战略的调整从指标库中直接选取合适的绩效指标进行考核和评价。

第五步，确定目标值（绩效标准）并组织实施。

决策层确定目标值时，要综合考虑历史增长情况、战略分析和公司发展的需求，如图 9－9 所示。

首先，一定要综合考虑历史的增长情况，其次，做一个简单的战略分析，确定公司的发展需求。战略分析包括市场的需求，如市场怎么样，客户消费者怎么样，竞争对手的表现情况怎么样，整个宏观环境的变化如何，自身的能力如何等。

例如，公司需求增长速度到底要多快？要不要高于行业平均水平？如果低于行业平均水平，未来就是死路一条。当业务很好的时候要培育一个新业务，而新业务又怎样与财务、结构挂钩。

有的企业没定战略，也要考核，或者说战略在老板的脑子里面。笔者曾辅导过的一家有30多亿元销售规模的企业，总经理说了半天的战

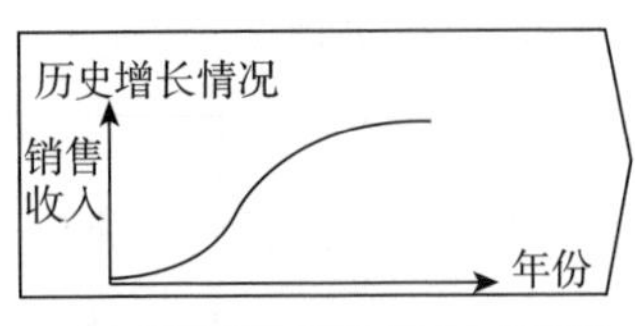

战略评估（包含在经营计划中）
- 市场需求增长情况
- 竞争对手的表现
- 宏观环境变化
- 自身能力评估等

公司发展的需求
- 公司增长的需求
- 公司业务组合优化的需求
- 公司财务结构

合理的、富有挑战性的目标
- 仅仅“比去年好”是不够的，应该综合考虑公司的需求以及以事实为依据的战略性评估；
- 有效的目标既不能过于理想，使绝大部分人都无法达到，从而丧失积极性；也不能过于保守，使员工不费努力就可以完成，从而无法发挥公司最佳业绩，原则上只有20%的员工能够达到“挑战性目标”

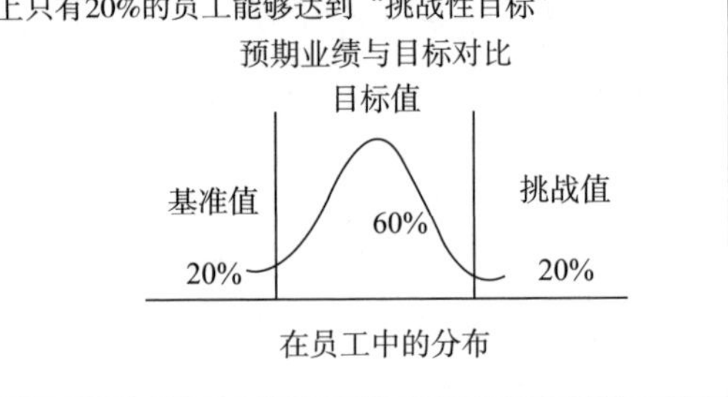

图9－9　确定目标值

略与董事长的战略不一样，并且也没有相关的书面资料，所以没有办法来指导考核。

战略制订的要点

战略的制订有四个要点：

（1）一定不是老板一个人制订的，高管都要参与其中。

（2）一定不要拍脑袋，一定要用战略分析的方法，比如swot分析法、五大分析模型等。

（3）一定要有数据支撑，比如进行竞争对手分析、行业分析、消费者分析、供货商分析和政策分析要以数据为支撑。

（4）有了这些分析方法之后，最后一定要形成一个书面的战略梳理报告。最怕分析了半天，最后热热闹闹地结束，过了一两个月，到底做了什么都不知道。

为什么目标有时候订得过高或过低？第一，没有制订战略，或者战略目标制订的比较随意，这是最根本的。第二，历史数据不完整、不真实，或者没有历史数据，没有积累。第三，没有进行行业研究，不知道同行水平，很多企业在行业研究这方面非常欠缺。第四，没有标杆岗位，如果有标杆岗位，要拿出相关数据。第五，必须要试运行，谁也不知道数据到底准不准，变量太多，所以再好的战略，也要试运行。

理想情况下，公司目标设定的流程是一个反复的过程，如图9－10所示。第一个阶段是传达公司对目标的期望，从总裁开始传达至下面的每一个部门。第二个阶段是目标能不能完成，还要做可行性研究，看公司到底有没有这个能力？有没有这个资源？能不能完成？第三个阶段是下面的情况反馈上来之后，管理层要心里有数，再次由上往下确定指标，并告诉下面的人如何完成指标，所需要的资源有哪些，具体的办法有哪些。经多次反复，上下达成共识，否则会有问题。

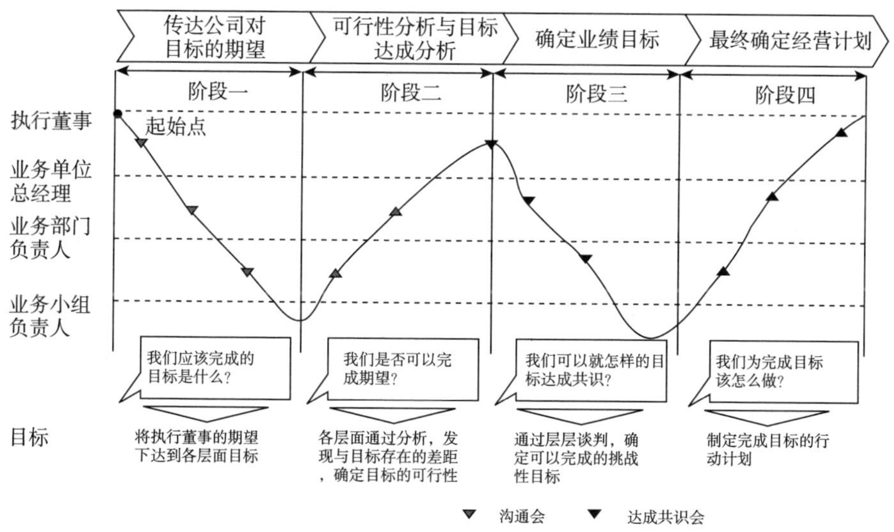

图9－10　公司目标设定的流程

第六步，公司上下通过坦诚谈判，最终确定各层面的业绩目标并签订绩效合同。

发约人和受约人双方通过坦诚谈判、反复分析，最后形成绩效合同，具体流程如图 9－11 所示。

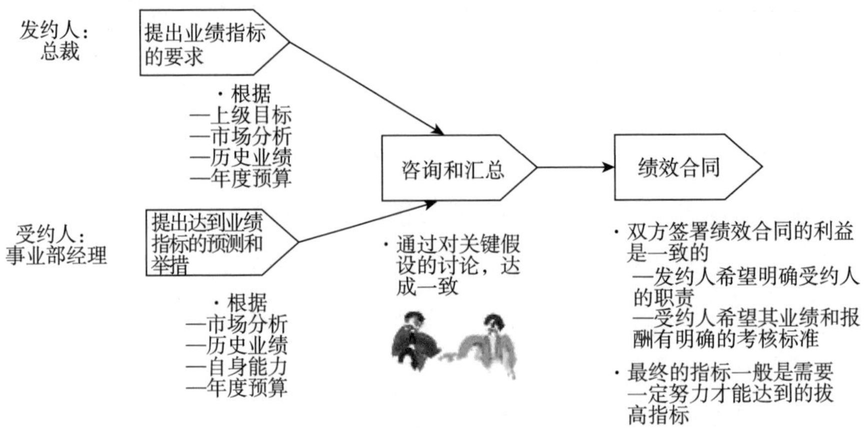

图 9－11　业绩目标形成过程示例

当然，绩效合同可以用一张表格展示（如表 9－12 所示），企业可以按照实际情况在这张表格上进行增删。

表 9－12　KPI 考核表

<table>
<tr><td>被考核者姓名</td><td></td><td>被考核者岗位</td><td></td><td colspan="2">考核期间</td><td colspan="2"></td></tr>
<tr><td>考核者姓名</td><td></td><td>考核者岗位</td><td></td><td colspan="2">编号</td><td colspan="2"></td></tr>
<tr><td>指标序号</td><td>KPI</td><td>KPI 权置</td><td colspan="2">指标标准或考核办法</td><td>信息来源</td><td>评分</td><td>加权评分</td></tr>
<tr><td>1</td><td></td><td></td><td colspan="2"></td><td></td><td></td><td></td></tr>
<tr><td>2</td><td></td><td></td><td colspan="2"></td><td></td><td></td><td></td></tr>
<tr><td>3</td><td></td><td></td><td colspan="2"></td><td></td><td></td><td></td></tr>
<tr><td>4</td><td></td><td></td><td colspan="2"></td><td></td><td></td><td></td></tr>
<tr><td>5</td><td></td><td></td><td colspan="2"></td><td></td><td></td><td></td></tr>
<tr><td>6</td><td></td><td></td><td colspan="2"></td><td></td><td></td><td></td></tr>
<tr><td colspan="2">总权重</td><td>100%</td><td colspan="4">最终得分</td><td></td></tr>
<tr><td colspan="4">期初确认</td><td colspan="4">期末确认</td></tr>
<tr><td colspan="4">被考核者：
姓名：　　日期：
考核者：
姓名：　　日期：</td><td colspan="4">被考核者：
姓名：　　日期：
考核者：
姓名：　　日期：</td></tr>
</table>

（三）小结：签订绩效合同的10大原则

（1）越是高层管理的指标数目要越少，结果性要越强，量化性要越高。

（2）越是基层管理的指标数目要越多，过程性要越强。

（3）下属的指标应和上级的指标有因果关系。

（4）每个人的指标数量最多不多于10个。

（5）每个指标必须设定衡量标准。

（6）指标主要衡量与当年营业计划相关的重要成功因素，不要面面俱到。

（7）指标的目标值一般情况下是每年都要增长，反映组织发展的脚步和上升趋势。

（8）目标值一旦确定，一般中途不能修改，除非环境和条件发生重大变化。

（9）目标值要能“跳一跳够得到”。

（10）不同考核周期，组织需要解决的问题不同、指标不同、相同指标的权重不同。

五、指标辞典

在绩效管理实施过程中，为保证所有人员对于同一个指标的理解相同，公司要建立指标辞典，统一解释，否则，对于同一个指标的理解会产生歧义。指标辞典示例如表9－13所示。

表 9－13　指标辞典示例

业绩指标编号	业绩指标名称	定义/计算公式	指标口径	考核对象	考核期	考核数据来源/收集人
1－1	投资资本回报率	息税前利润/（平均流动资金＋平均固定资产）	事业本部级，平均值取期初期末算术平均	各事业本部总经理	季度	财务部出具各事业本部季度财务报表
1－2	自由现金流	息税前利润＋折旧－流动资金增加额－资本支出	事业本部级	各事业本部总经理	月	财务部出具各事业本部月度财务报表
·	·	·	·	·	·	·
·	·	·	·	·	·	·
·	·	·	·	·	·	·
1－15	市场份额	销售收入/市场总规模	按产品折扣后收入，按权责发生制	××产品经理	月	
·	·	·	·	·	·	·
·	·	·	·	·	·	·
·	·	·	·	·	·	·

第十章
绩效反馈与面谈

一、绩效面谈前的准备

如何保证绩效面谈效果好呢？第一，面谈的准备工作要做好；第二，面谈的实施要到位；第三，不同类型员工的特点不一样，要有对应的方法；第四，疑难问题的处理。

一般来说，上司要做这几方面的准备工作：①收集资料；②准备与下属表现相关的一些具体数据和考核表单，让员工明白考核是有根据的；③考虑影响下属绩效表现的外部环境因素，比如中国的经济环境；④在面谈的时候一定准备一张绩效改善表。

下属要做的准备包括：①已完成的工作目标及每项目标的成就；②项目不能达成的原因；③未来个人需要在哪些方面努力，需要公司提供什么样的培训或者支持。

考核的组织者可能是人力资源部，也可能是上司秘书，或者上司本人。组织者的准备一般包括：①选择一个最恰当的时间，在双方没有紧急任务，或者私人事情的时候；②选择一个最佳场所。一般来说，容易犯的一个错误是在老板的办公室进行面谈，这样下属容易怯场，不能够达到有效改善的目的，最好找一个类似会议室这样不易受干扰的环境。

二、面谈的技巧

（1）针对绩效、而非私人问题或性格。

（2）集中未来、而非既往。

（3）优缺点并重。

（4）不要害怕承认错误，上级最优秀的品质和最自信的表现是勇于承认错误。如果遇到一个上级从来不犯错误，他要么是神仙，要么是个懦夫。

（5）善用部属的自我评估。

（6）掌握时间。

（7）完美的结束，达成共识。

（8）适时追踪。

注意的地方是要倾听，要鼓励下属说话。

（1）通过各种各样的方式发问，如肯定法、否定法、选择法和开放法。

（2）站在对方角度考虑。

（3）双向沟通，建立维护彼此的信赖。每一次面谈要加强彼此的信赖，这一点非常重要。如果上司和下属没有建立信赖关系，建议将他们分开。

（4）问题解决导向，就是要经常谈话，什么时候发现问题，什么时候就面谈。

三、不同类型员工的特点及应对

（1）明星——能力强，不安于现状，想升职，想跳槽。应对方法是适当时机杀其锐气，给予有难度的工作；或者培养新人，让他觉得自己有可能会被替代，让他有一定的压力。

（2）潜力型——潜力十足，能力不错，但发挥不稳。应对方法是先沟通、倾听，再对症下药。

（3）领袖型——地下主管，兴风作浪，意见相左。应对方法是在适当时机与之恳谈。能力特别强的一些小头目，适当的时候要么让他站到你这一边，要么把他打压下去，否则很难进行工作。

(4) 抱怨型——事事觉得不满意，将情绪传染给其他人。应对方法是私下交流，并寻找解决问题的方法。喜欢抱怨的人从本质上来说有两类：一类是有轻度抱怨倾向，这类人可以引导改过来；另一类是有严重负向情感的员工，这类比较难办。什么叫负向情感？依据心理学原理解释是，这类人喜欢抱怨，看所有事情的角度都是负面的，而且心理学家发现，具有严重负向情感的人，有遗传，由基因决定。如果遇到有非常严重负向情感的人，只有两个方法：第一，招聘的时候把好关；第二，如果招聘的时候没把好关，要找好充分的理由，请他离开，要不然很麻烦。

我曾辅导过一家企业，这家企业的老板有一位读博士的同班同学甲，他就是这种负向情感严重的人。甲在这位老板公司上班的时候，抱怨非常多，整天就是看谁都不顺眼，好几个骨干都因为他离开公司。老板实在容忍不了他，于是请他离开公司，而甲同学走的时候把公司所有能带走的技术资料通通带走，还带走了公司的商业机密，并加入了竞争对手公司。在竞争对手公司，甲同学对客户说了前东家很多坏话，其中，很多都是编造的。这导致公司严重受损，在亏损的边缘挣扎。

(5) 抗拒型——守旧、惰性大，抗拒变革并影响他人。应对方法是让其看到其他变革带来的好处。

(6) 愚忠型——努力但绩效差强人意。应对方法是有针对性地加强专业训练，提高素质。

四、负面反馈及疑难问题处理

还有一些不愿意接受改变、守旧的员工有一些负面反馈和疑难问题，应对这类员工这有几个通用的方法，总的来说要先表扬或者赞美，再批评指出问题，最后鼓励他要有信心。

持不赞同意见的员工，应对方法是：以开放的态度细心聆听，不要经常自卫或与他争辩；弄清楚自己是否明白员工不赞同的原因；征询员工意见以解决问题；表示了解员工感受。

反应冷淡的员工，应对方法是：就员工的兴趣、成就或成长发问，并作进一步发挥；多采用开放式问题；强调双向沟通的重要性。

面对情绪激动的员工。应对方法是：①让员工尽情发泄愤怒，细心聆听。情绪激动的员工一般有两种表现方式，一是跟你吵，二是哭。如果他想吵，就让他吵，吵半天他会忘了自己说的了；如果要哭，那就让他尽情哭好了，哭完就不愤怒了。②维护他的自尊及加强自信，一个有自尊心的人是好管理的。维护他的自尊，并且让他知道你也尊重他，从你的肢体、语言等各个方面表现出来。③保持冷静，不要跟员工争辩；如有需要，可重新定会谈时间。

【深度学习10】提高下属工作绩效的12个方法

如何改善员工的绩效，是每一个管理人员都面临的挑战。这里给出一些我们的体会和建议，希望对管理者们有所启发。

（1）**用人所长**。员工绩效不好，管理者常常从员工身上找原因，其实，应该反省一下自己在人员的使用上是不是存在问题，有没有用其所长。要取得好绩效，用人所长是第一，所以，不要安排不合适的人，然后又去责怪他做得不好。

（2）**加强培训**。培训是改善员工绩效的重要手段之一。任何一家企业，不管是行业领袖还是新建的小型公司，都需要对自己的员工不断培训，因为通过培训可以改善员工的绩效，进而改善部门和整个组织的绩效。需要指出的是，并不是当公司出现问题的时候才安排培训，也不是只对那些公司认为有问题的员工实施培训，或者只对优秀的员工进行培训。其实，公司的培训应该是依据企业需求长期、持续、有计划地进行。调查表明，合适的培训能给企业带来明显的绩效提升。

（3）**明确目标**。没有给员工的工作设定明确的目标，会降低员工的工作绩效。我们有没有清楚地告诉员工，他们的目标是销量第一、服务第一，还是利润优先？或者是三者兼顾。如果员工没有明确的工作目标，那通常会比较迷惑、彷徨，没有方向感，影响工作效率，同时，由于员工没有得到明确的目标指引，努力的方向同公司所希望达到的结果难免有所不同。比如，公司强调的是提高服务水准，可是员工并不知道公司的意图，很可能正在努力增加销量而忽略了服务。

（4）**绩效标准要清晰**。管理者容易犯的一个错误就是没有给自己的下属定出清晰的绩效标准，告诉下属他们应该达到什么样的绩效标准。清晰的绩效标准可以让高绩效的员工有成就感，知道自己已经达到或者超出了公司的要求，这种成就激励的效果对层次较高的管理人员或者专业人员非常明显。清晰的绩效标准可以使没达到标准的员工有一个努力的目标，知道自己同其他人之间的差距，从而激发工作干劲，努力完成工作指标。注意，清晰的绩效标准，必须是公司薪酬发放的依据，才能保证其激励作用并有效。

（5）**绩效考核监控、记录及时**。人们在谈论公司绩效考核时，容易迷茫的一个地方是：已经忘记了以前发生过什么。困惑的原因在于没有及时监控、记录。人力资源经理常常把监控周期同考评周期混为一谈，考评周期可以是一个月、一个季度或者一年，但是，监控应该是随时随地的。监控不及时，当然不能获得全面、客观的第一手资料，很容易导致考评之前争表现的现象发生，使“聪明人”钻空子，考评不公平。

（6）**及时反馈考核结果**。要及时将考核结果告知被考评人，并且得到其本人的认可。我们强调及时，原因在于我们的工作都有其计划和节奏。在绩效考核结果刚刚出来的时候，正是员工对绩效问题最关心的时候，也是思考最多的时候，这时反馈效率越高，员工越投入，效果就越好，并且利于对一些出现的问题进行及时改进。如果过了这个时期，考核者和被考核者都已经把考评的事放在一边了，效率一定会降低；同时，会让员工对公司的考评制度产生不良印象，认为公司也不重视考评。

（7）**帮助下属找到改进绩效的方法。**当发现下属绩效不好时，仅仅告诉他“你的绩效不够理想”是不够的，重要的是还应该要指出他绩效不好的原因是什么，改进的方法有哪些。

业绩不好的下属一般自己也很着急，但是，苦于找不到原因，也不知道如何改进。问同事担心别人认为自己无知，觉得没面子，请教经理又害怕由于业绩不好挨批评，这时上级应该主动找到他们，同他们分析业绩不佳的原因，并且帮助他们找到改善的方法。同时，如果有可能，最好提供相应改善的机会和一定资源支持。

管理者能够成功，重要的一点是他能指导下属，能够想到、看到和做到下属做不到的。如果管理者本人不能超越员工，员工怎么服他呢？这种情况下，员工多半不会非常努力，业绩自然不会好。

（8）**给出改进的最后限制。**对于长时间工作绩效不佳的下属或者来公司不久表现不佳的新员工，通常公司采用的方法是将员工辞退。果断地辞退低绩效员工没有错，不过，我们比较主张在辞退之前再给他们一次机会。比如，明确告诉公司再给他一个月的时间，他的绩效必须达到公司的要求，否则，请他另谋高就。

这样做除了可以避免重新招聘本身带来的成本和风险外（谁能够保证重新招聘的人比他更好），还有两个好处：一是对辞退的员工做到了仁至义尽，这样做了，以后再解雇他也比较容易，也不会因为解雇而发生诋毁公司的情况发生；二是向留在企业的其他员工传递出一个信号，公司对待员工虽然是仁至义尽，但工作不努力的人仍然可能会失去工作。

有一个朋友是一家软件公司的老板，今年3月准备辞退一名销售经理，但是觉得不太好谈，问我怎么办。我建议他同这位销售经理谈一次，指出之前对他绩效的不满，同时告诉他，准备再给他一个月的改进期限，到时候如果还没有达到要求的话，将辞退他。结果，这位销售经理的绩效在那个月超出公司所有的人，并且销售冠军的业绩一直保持了好几个月。

其实，这种给出期限的方法，不仅仅在员工改善绩效时有效，在工作及谈判中有时候也是非常有效的。不过，应该注意的是，如果到了期限对方仍没有达到要求，公司是否能够承受解雇他给公司带来的风险，否则，就不要用这个方法。

（9）**及时激励**。不论是经济激励还是精神激励，都会产生意想不到的效果。首先，管理者往往很关注绩效不好的情况，对绩效不好的员工、部门很敏感，批评很及时，但是，不太注意员工工作中的亮点。成功的管理者应该以正面激励为主，对员工工作中哪怕一点点的进步也要及时肯定、赞扬，让员工始终处于一种自信、兴奋的状态。这样才能激发出员工的聪明才智和工作热情，才能获得最佳工作绩效。

其次，经济激励不及时，甚至只有感到员工的工作状态有问题时，才想到激励不够，而看到员工的工作热情很高时，就忘记了激励。正确的做法应该是在员工状态很好时就激励，等到员工表现出问题时才发现激励效果不好，还会给员工一种错觉——闹情绪（之类）才能获得好处。

应该注意的是：及时激励并不意味着对员工的任何出色表现都予以经济奖励，实际上不可以对员工的任何出色表现都给予经济奖励，那样是在贿赂员工。正确的方法应该是，随时随地给予精神激励，如赞美、表扬，和正式的、制度化的经济激励。

（10）**同下属建立良好的人际关系。**毋庸置疑，紧张的人际关系会消耗人的精力，降低人的智慧，影响员工之间的合作，降低工作绩效，而建立良好的人际关系通常有利于提高工作绩效。

但是，要注意不能为了搞好关系，对下属的错误视而不见，更不可为了搞好人际关系而放弃原则甚至讨好下属。对于粗暴的指责，下属会抗拒，但是能够接受善意的批评。如果管理者在指出下属错误的同时，又能够帮助下属分析错误的原因及今后改进的方法，下属不仅不会抗拒，还会感谢，这样的上司会得到下属的爱戴。

相反，讨好下属往往会助长员工的不良习惯，根本不可能改善关系，并且这样的上司会被下属看低，对工作和人际关系都没有好处。

（11）**充分地沟通。**从沟通的主体来划分，可以将沟通分成三类：①自上而下的和自下而上的纵向沟通；②部门之间及员工之间的横向沟通；③同公司之外的关联机构的沟通。

沟通可以分成正式的、制度化的沟通和经常性的、非正式的沟通。正式的沟通包括公司各个层次的例会；各种样式、不同内容的书面计划、通报、报告等；公司的（电子）公告栏；制度化的电子邮件沟通系统等。

沟通的方式还可以列举出很多，各公司可以依据自己的具体条件和沟通效果予以采用。沟通的效果主要看两个方面：第一，是否快速送达；第二，接收者所理解的信息同信息发送者要表达的意思是否一致，为了提高沟通的效果，反馈、核实是必不可少的。

（12）**给下属适当的压力也能够提高下属的绩效。**这里所说的适当的压力包括：①批评；②制订有一定难度的工作目标；③允许员工犯公司可以承受的错误；④合理、合法的解雇。

任何人都喜欢被赞扬、被欣赏，没有哪个人喜欢挨批评，所以，我们比较主张以欣赏的心态看待他人。对他人一点点的进步、成绩和优点等都应该赞扬、欣赏，这样能够产生激励的效果，促使人们不断进步。

但是，人都是有缺点的，人也都会犯错误。当看到下属犯错误的时候，如果我们不敢批评，视而不见甚至姑息迁就是有害的，比较可取的办法应该是予以批评，给他一定的压力，这样对下属能力、业绩的提高都会有较大的益处。但是应当注意的是：①批评不等于指责，而是善意地指出错误（而不是人）给公司、他人带来的损失和麻烦；②要主动地承担作为上司应该承担的责任；③分析犯错误的主观、客观原因，更重要的是引导而不是代替下属找到解决问题的方法，避免今后犯类似的错误；④如果下属本人已经认识到自己的错误，并且感到内疚、自责，上司就不用批评了，而是直接做②③两点。

制订有一定难度的工作目标能够提高下属的绩效。容易实现的工作目标不仅会降低企业的效益，而且往往不能激发下属的潜能，不利于员工绩效和能力的提高。同时，容易实现的目标还有可能导致有些下属自以为了不起，盲目自大、不思进取。作为管理者，当我们给下属制订工作目标时，应该让目标有一定的难度、有一定的挑战性。

不过，要避免制订过高的目标，过高的目标可能会使大多数下属无法达到，当感觉实现无望时，会放弃目标。如果不能完成目标的人员比例超过30%，尽管能达到目标的人是多数，但这样的目标也不是好目标，因为会造成没完成目标员工有挫折感，在一定程度上影响员工的士气，从而影响企业的绩效。合理的目标应该是让少数人（10%～20%）能够超额完成，大多数人（70%）努力后能够完成，只有极少数（5%）的员工努力也完不成。

【深度学习 11】末位淘汰法解析

绩效考核是一种手段，其目的是提高企业的竞争力，实现企业的战略。末位淘汰法在有些企业实施成功，并不意味在其他企业也能成功，因为**管理上的任何技术都不是解决所有企业问题的灵丹妙药**。哪怕是最受人尊重的管理奇才用过的成功方法，在其他企业运用时，都必须考虑企业的具体情况，不能照搬。所以，是否选用末位淘汰法，一定要先做一些分析工作。

第一，在一个组织中实施末位淘汰法是假设公司员工的素质和表现符合统计学中的所谓正态分布：大多数人表现中等，表现很好和表现不好的人都是少数，这种分布在统计对象数量巨大的时候是成立的。但是，**对一个人数较少（如只有几百人）的公司来说，员工的表现不太可能符合正态分布，可能大多数表现很好，或者相反**。既然这样，就不应该人为地硬性找出“最差的”，把他们淘汰。

第二，末位淘汰法中所谓的末位是对本组织来说的，当淘汰这批人以后，还要从外面招聘同等数量的员工（为了简化讨论，假设如此）。通常，我们**很难保证新招进来的人更合适，**加上招聘成本，这种“换血”大多数是得不偿失的。比如一家软件公司，公司中的人都要经过公司较长时间培养才能开始为公司做贡献，在公司外这种人才很少，不太容易找到合适的人，并且还需要很多的培训，因而这种方法就不适合中小规模的软件公司。

第三，这里所谓的“表现最差的 10%”**是企业评估者们评价出来的，不一定是真正的“表现最差的 10%”**。要想评出真正的“表现最差的 10%”，需要若干条件。首先，该企业必须有明确的、能客观衡量的工作绩效评价标准。否则，**由于是评估者个人的主观因素起主导作用，**

各种丑陋的、危害甚大的办公室政治就会充斥公司，公司中人际关系会变得很复杂，企业会遭受严重污染。其次，公司的评价者们必须要经过充分的培训，以保证有足够娴熟的评估技术。

第四，对真正“表现最差的10%”也不应该一定采取淘汰的方法。因为，这些人当中，**很多表现不佳的人不是因为他们本人无可救药，可能是公司的问题，可能是上司的问题，或者是个人乃至家庭的短期性问题。**只有极少数才是真正不适合公司，需要被淘汰的，所以，不妨将这些人放入一个“缓冲池”或“资源库”，并对他们实施有针对性的培训、能力开发，给他们充分的机会证明他们的能力。

第五，反对实行末位淘汰法还有很多其他理由。这种方法会令员工有**不安全感**，从而导致焦虑、员工关系紧张、对企业不忠诚；**追求短期效益**而忽视了长期效益、**关注局部**而忽视全局等。

如果一定要采用末位淘汰法，我们建议要好好研究上面提到的各个方面的问题。如果把各种可能出现的问题的解决办法找到了，也并非一定不可以采用末位淘汰法。

第十一章
企业绩效管理中的难点分析及应对

一、管理素质滞后的8个表现

绩效管理中最难的不是技术问题，而是各级管理者的素质滞后问题，以下具体列出几种典型情况：

（1）**理念、观念等思想认识上存在问题——经验主义。**这类属于认识上的问题，不懂又不愿意学，这是最可怕的，尤其是一些高层。

（2）**不愿意变化，如思维及行为惯性，对变革不确定性的担心。**有些民营企业里老资格的人不愿意接受变化，越是能力不够，知识不够的人，越不愿意变化。学习能力强的人不怕，年轻人不怕，年纪大的人有资格、有人脉、有功劳，没有功劳还有苦劳，没有苦劳跟老板还有关系。

（3）**短期、个人利益上的考虑。**

（4）**知识、能力上的欠缺。**做了绩效考核，那些浑水摸鱼的南郭先生就不开心了。老板一定要明白，绩效考核就是要让南郭先生现形，就是要让南郭先生不开心，但是最怕老板很难识别哪个是真英雄，哪个是假英雄。假英雄会用蒙骗、欺骗、蒙混的方式生存，他会在老板面前表现他多么的专业、多么的努力、多么的忠诚，真正有能力的人不屑于这么表现。

（5）**绩效考核的目的不清。**管理者不知道通过绩效考核要实现战略落地、铸造文化、解决问题的目的，所以他就没有那么大的动力。

（6）**不懂得考核指标的作用，不会使用考核指标，不知道发挥指标的作用。**管理素质的滞后反映在从董事长、总经理到副总经理各个阶层不懂指标的作用。

（7）**管理者不会签订绩效合同。**

（8）**期望不切实际。**有的管理者不知道怎么签绩效合同，而有的人开始会把绩效管理当成包治百病的灵丹妙药，对于绩效管理的期望不切实际，一旦发现绩效管理中的一些问题，又会把绩效管理一棍子打死。

使用“滞后”这个词意味着：现在的素质不够，但是还可以改进。

二、基础管理薄弱的8种现象

（1）战略管理、岗位分析欠缺，没有岗位说明书，职责不清。

前文提到，成功“1－2－3法则”的两大前提就是有没有进行战略梳理、有没有做岗位分析。岗位分析欠缺，没有岗位说明书，或者有岗位说明书，但没有实际运用，这样就导致职责不清，职责不清就无法考核。

（2）重考核、轻计划，不习惯做计划，也不知道如何做计划。

绩效考核其实是以计划为前提的，因为计划包含了战略，所以没有计划就无法考核。重考核、轻计划是有问题的，很多企业不喜欢做计划，也不知道怎么做计划。

（3）不会定目标。

不会定目标，不知道怎么定目标，要告诉他怎么定目标；在每一个工作任务上，分别要达到什么样的目标；怎么去实施它。要学会这些，没有这些基础，绩效没法进行。

（4）没有预算。

如果我们要想做精细化的绩效考核，所有的指标都想量化，一定要以预算管理作为基础。前期的预算精细化到什么程度，普及到什么范围，后面量化的指标才能够做到什么程度。

（5）没有成本分析。

企业的一个核心内容，就是控制成本。制造业也罢，工程业也罢，核心的指标有这么几个：第一是质量；第二是成本；第三是交货期，或者工期；第四是安全，安全通常作为否决指标。

在给宁波一家年销售收入为3亿多元的企业做咨询时，我在整个工厂里面走了一圈，发现材料堆的乱七八糟，被其他物品围着。我就问他们老板："你们的产品成本构成是什么？"他说："什么是成本构成，不知道。"我说："一个产品在初期的成本里面，材料占多少，厂房、设备折旧、人工各种成本分别占了多少。哪些是固定的刚性成本，哪些是弹性成本？"他说："我们没做过这个分析，这个问题不要紧。"我又问了一个更加基础的问题："咱们公司所有的权益总共价值多少？总净资产有多少？"他想了半天说："大概3亿元左右。"我说："这还不靠谱，左右多大幅度？"他一说把我吓一跳，大概20%左右。他的侄女是他的会计，会计说她也不太清楚，大概是这个数。

我一看老板不知道，会计也不知道，就说："这个问题大了，20%左右的幅度太大了。20%乘以3亿元，左右一下就差六千万元。"他说："没关系的，我是肉烂了在锅里呀。"我说："你怎么知道肉烂了是在锅里呢？也许已经跑到碗里、跑到外面去了。"这种情况之下，我建议他不要做绩效管理，先把成本核算搞清楚再说。

首先，我的真实想法是让他请一个专业会计，但是我没这么说："公司发展到一定规模，公司的专业管理一定要请专业人士，比如财务、人力资源，你都核算不清楚还经营什么。"其次，我强烈建议他做一个5S现场管理。作为一家制造型企业，厂房里面乱七八糟、黑咕隆咚，连标识也没有。因此，我强烈推荐他到某企业学习一下人家的现场管理。那家企业所有的原材料、代产品、产成品，通过不同的颜色画的很清楚，现场的看板也很清楚。我拒绝给他做绩效管理的要求，建议他先把成本核算清楚，把现场管理做好，要不然没法做。人的素质不够，绩效管理永远上不来。

（6）没有质量标准。

要以质量管理作为绩效提升的目标，所有的质量都是有标准支撑的，没有这个支撑，怎么做绩效？怎么通过绩效提升质量？

（7）没有真实的、完整的数据支撑。

没有要进行绩效管理的相关数据的支撑，就不要做绩效。不是绩效管理本身的技术问题，而是缺乏基础工作。

（8）管理人员管理意识淡漠、缺少管理知识、不愿意学习使用工具。

管理人员的管理意识淡漠，这是非常可怕的。这个问题在很多企业的老板、董事长层面都有所体现，嘴上说重视管理，实际上因为不懂管理，所以没法重视。要想让他重视，他必须懂，而缺少意识，又不愿意学习，是导致基础管理薄弱的又一个原因。

三、绩效管理实施的技术难点

绩效管理实施的技术难点，在前面都有论述，这里归纳出来，提醒大家注意（如图 11－1 所示）。

1. 战略如何通过绩效实现落地
2. 绩效目标的确定上，上级希望高，下级希望低，双方的博弈
3. 绩效资金从哪里出
4. 人事行政等岗位如何考核
5. 民营企业中董事长兼总经理的考核如何做
6. 数据收集困难
7. 打人情分、面子分
8. 非财务类指标量化难

图 11－1　绩效管理实施的八大难点

第十二章
导致绩效管理失败的
8 大原因解析

一、指标太多

指标太多会导致两个不良后果：第一，重点分散；第二，搜集数据很麻烦。很多东西不要放在指标层面，比如创新、员工的建议，还有企业不系统的、非常规性的、偶然的培训也不要纳入指标里。

一定要明白常规性的职责和任务是什么，员工干什么，就考核他什么；上级重视什么，就考核什么。

二、标准不合理

指标过高或者过低，都是不合理的现象。很多人喜欢把指标定得很高，让员工去拼，但实际上如果指标过高，他就不拼了，怎么拼都完不成，干脆放弃。那么为什么指标会定得过低？因为心里没数。如果下属超额完成很多，就是指标过低的表现。

1991 年，我从大学辞职下海到一家计算机公司上班，作为部门经理承包了公司的一块业务。当时公司给我十万元的货物作为投资，十万元的贷款作为周转资金，并给我定了十万元的利润指标，如果完成目标，提成 10%；如果在十万元到二十万元之间，提成 20%。我跟公司说，如果超过 20 万元怎么办？老板认为我太狂，不可能超过 20 万元。我说既然你认为不可能，那就写上去吧，超过 20 万元，提成 40%。于是，老板同意了。从 3 月开始，到年底，十个月的时间，我的利润是 100 多万元，所有人都惊呆了。

尽管公司定这个目标的时候，也是根据公司成立 4 年以来，资金、人员投入比算了很久定下来的，但是标准还是过低了。

通过这个案例想跟大家说一下试运行的作用。如果当初在上面加一句话：“此绩效承诺为实验型，三个月后，或者半年后调整指标，或者是另外调整方案。”半年之后一看销售情况这么好，要么调整提成比例，要么提高额度，这样公司就不会这么难受了。

三、考核结果运用效果不好

考核结果应该怎么运用？人有多少种需求，就有多少种考核结果运用的方式，但是考核结果不要仅仅与收入挂钩，重点要放在绩效改善这个核心中的核心上。

四、考核到个人

如果成果的达成主要依赖个人的奋斗，那么就考核到个人。如果任务的完成主要依靠员工之间的团队配合，就应该考核到团队或者部门。

比如一家钢铁企业，一个班组里面有很多不同的工种。不同的工种之间，工作很难做比较，而且在那种大环境之下，就只能这么干，没有更多的选择。这时候没有必要再考核到岗位个人，考核到班组就可以了。如果一定要考核到个人，就会出问题，为什么？因为一个任务的完成，离开班组中的谁都不行，而且他们相互之间不可替代。工种不一样，每个工种都有一些技术方面的要求，如果非要评优劣，差的那个人，如果不跟你配合，整个班组的工作将陷入瘫痪。

五、照抄

明星企业或者管理学院的绩效指标库和你的企业有很多不同的地方，可以借鉴、可以参考，但是不要照抄。指标库里面的人事、行政、财务指标有很多相似的地方，可以根据企业的情况加以修改。别的公司的财务经理可能就是一个会计，而你的财务经理既要做成本核算，又要做财税筹划，还要做你的投资、融资管理，所以不要把其他企业的指标库和绩效合同拿来就用。

现在很多人都浮躁，但浮躁也是逼出来的。比如一家企业高薪请了个人力资源经理，要求他在很短的时间内，拿出绩效管理方案和指标库。人力资源经理怎么办？只好抄，反正老板也看不懂。

当然这里也有一个难点，就是关于组织结构的设计问题。在国内，大部分的人力资源总监级别的人因为不懂业务，都做不了组织结构设计，不知道组织结构怎么优化，不知道流程怎么优化。如果没有通过流程来优化岗位说明书，岗位说明书就会有问题。岗位说明书有问题，岗位评价就不好做，绩效考核也就做不好。

要想在这一行有出息、有成就，就要花工夫熟悉业务。熟悉业务，远没有想的那么难。我们到任何一家企业做咨询，就得在 3～4 个月之内熟悉这家公司的业务。比如做软件，你不需要做编码，不需要做架构设计，但是要懂概念，要知道先做系统分析，再做系统设计，最后编码、测试这个流程。有的人一想到这些头就大了，不敢熟悉业务，不敢到一线跟人家交流，导致最后做不好。

2013 年，我见到一个 2005 年经我介绍到她现在这家企业上班的学员，她说她的年薪已经达到54万元，做HR。那凭什么她的年薪这么高？凭她的专业和她对行业的了解。她一进公司就认真地、一点点地梳理公司整个业务流程链条，当她比其他同时进公司的人更熟悉的时候，她的价值就显现出来了。因此，大家一定要踏实地真正扎下根。

六、缺少培训

培训要解决三个层面的问题：

第一，思想和理念必须达成共识，尤其是高管层，包括董事长、总经理、各大副总经理、高管和总监。

第二，要让学员理解培训课的原理。理解原理没那么难，关键是不要找绝招，多看看教科书，如商学院教科书，但很多人不喜欢看教科书，喜欢找绝招。如果一本书的书名是《如何在一年之内让业绩增十倍的诀窍》，肯定是骗人的，如果能让你的企业业绩倍增十倍，他自己早就不出这本书了。教科书是最好的教材，要反复地读，如果没有机会读商学院没有关系，可以买商学院的教科书反复看，然后找一些规范公司的模板进行对照，效果也会不一样。

第三，掌握工具和方法。培训企业的其他人员掌握工具，前提是自己要懂。

七、指标无法客观衡量

如果指标没有办法客观衡量，一定是主观拍脑袋确定的。例如工作态度这个指标很重要，但是不能单独作为指标，假设你有8个下属，就工作态度给他们打分，你觉得这个分好打吗？如果你给某个人低分，他就会问为什么，凭什么他的分低。像工作态度这类指标，一定要分解，细化成具体的指标，如行为指标，或者其他的指标，否则很难让员工认同。工作态度好坏还受人际关系的影响，难免就会给那些所谓跟你关系不好的人打低一点。这样，你的下属就不再关注怎么把工作做好，而是把心思用在怎么讨好你，整个公司的效率就降低了。

不同的级别有不同的解决方法，对于职能部门，职责、任务、工作目标和完成时间都是衡量的标准。对于执行层，标准作业流程、作业指导书、行为结果是考核的标准。

例如对旅行社司机的考核，不要笼统地说他的态度是好还是不好。要对他的工作表现进行细化，确立工作标准：司机是不是提前到达指定地点接游客；车是不是停靠在指定的地点；车门朝哪个方向；车门是不是悬挂了旅行社的招牌；车门有没有开启；行李仓有没有打开；司机是否站在行李仓和车门之间。游客上车之前，车内有没有打扫干净、开空调、播放指定音乐；车开得稳不稳；有没有按照指定的路线走；有没有在车上抽烟。游客下车时，有没有在指定的地点、方向停靠；有没有帮游客取行李，其他的如面带微笑、着装等。

执行人员要建立两类指标：一是行为指标，二是结果指标。行为指标和结果指标各自占多大权重，看最后怎么设计。总之，如果一个指标无法客观衡量，就说明这样的指标有问题。有问题不等于不能用，如果80%是客观指标，20%是主观指标，就非常理想了。

八、记录不及时

回忆以前的数据是最可怕的事情了，因此一定要随时记录。

如果不记录，让你想，想一天都想不出来。想不起来的时候就开始编数据，而且一定是怎么对自己有利怎么编，但对个人有利就可能对公司不利。另外，没有记录会导致近期效应；凭借主观感觉，导致居中效应和一致效应；没有记录无法发现问题，不能及时改善。考评的根本目的是绩效改善，不分析如何改善！

第十三章
解析绩效方程式

一、绩效方程式图示

绩效方程式（如图 13 - 1 所示）展示的是影响绩效的变量。要想获得好的绩效，自己必须能力足够强，一定要有非常积极的态度。态度不积极，不愿意干，能力再强绩效也高不了。能力也强，态度也积极，条件也好，但是没环境也不行。在中国，很多受政府政策管控的行业，受外部环境的影响很大，比如政策对房地产业的影响，使房地产业大起大落。

绩效方程式：绩效=F（能力、态度、资源、环境）	
能力	态度
1.招聘及作用 2.培训及开发 3.留住人才	1.经济激励：包括绩效薪酬等激励性薪酬方案、股权激励等 2.各种非薪酬激励制度 3.个人激励能力 4.文化铸造（培训、日常文化建设）
条件与资源	环境
（人、财、物、信息、法务、行政等支持）： 总部各部门；组织中依据价值链的部门设计	改变、适应与选择环境：客户、地域、经济、政策、文化……

图 13 - 1　绩效方程式

二、绩效方程式解析

（一）能力如何提升

能力提升的方法有招聘和任用、培训与开发、留住人才三个。企业一定要招聘到合适的人，而且要知人善用，这样才有助于企业能力的提升。不断有新的、有能力的员工加入，会对原有的员工产生很大的冲击，他们会想办法提升自己的能力，因为如果不提升就只有被淘汰，这样就形成企业人力资源的良性循环，使组织能力不断提升。

用人要用其所长，用其所爱。用其所长是根据他所擅长的能力，安排合适的岗位；用其所爱，就是看他最喜欢干什么事，这与他的人生规划相关。他不想干的事，你怎么让他干他都干不好。如果他想干的事，不用你管他，他一定干得非常好。

能力既包含个人的能力，也包含组织能力。留住人才的同时，一定要做到淘汰庸才，组织的整体能力才能得到提升。

（二）工作态度

怎么解决工作态度的问题呢？第一，我们一定要有一些经济上的激励政策，包括绩效、薪酬、股权期权等。第二，要有各种非薪酬的激励制度。非薪酬激励制度在设计上有很大的空间，其制订依据是“需求原理”。第三，加强个人的激励能力，包括管理者对员工的激励和员工对管理者的激励。如果个人的激励能力比较强，就解决了工作态度问题。在整个企业层面，文化建设是我们改变态度的根本举措。尤其是在中国，经济发展很快，但社会道德的水平不仅没有同步提升，反而下降，在这种情况之下，一定要加强文化引导。一家没有强大文化的企业，不可能发展成大企业。

（三）资源

要想获得好的绩效，一定要有好的资源。在一般的小企业，老板会给各方面支持，但是对于集团化的公司来说，就有一点技术上的问题了。比如集团化公司总部职能中，一定要包含服务职能，因为总部各个部门就是为其他事业部服务的。要想取得好的绩效，企业一定要明白，给所有想要获得高绩效的人，提供相关的条件和资源支持。

（四）环境

这里的环境指的是外部环境。

完全国有、垄断行业的企业，比如中石油、中石化、中国移动、中国电信、中国联通、中国银行、工商银行等，这些行业最大的环境是政策。快销品企业，比如餐馆、服装这些行业，最大的环境是经济环境和消费者环境。有的企业专门给中石化服务，有的企业专门给华为服务，有的企业专门给富士康服务，这时最大的环境是客户。

如何利用环境提升绩效呢？第一，如果有能力改变环境，就去改变它。如果我们很强，客户比较弱，我们可以改变客户、改变环境，或者想方设法影响决策者。第二，如果没有能力，就适应环境或者选择环境。在不同行业有不同的应对方法，要想获得好的绩效，我们总是有很大努力空间。

三、成功绩效管理的 12 大要点

最后我们总结一下成功绩效管理的 12 大要点：

要点一：建立符合企业战略目标的绩效指标体系。记住一点，总经理的指标承载了公司的战略目标。

要点二：关注绩效管理的全部环节，而不是一部分。全部环节是指五个阶段，必须关注“全部环节”！这里容易犯的错误是——重考核、轻过程。

要点三：建立公开、开放、充分沟通的绩效管理系统。不管是哪个阶段，一定要充分地沟通。如果沟通不充分，绩效管理一定有问题，尤其是上下级之间的沟通最为重要。

要点四：领导者的承诺、参与和支持。董事长、事业部总经理，一定要直接参与和支持！

要点五：要与激励机制挂钩，强调解决问题。考核结果的运用：第一，要与激励机制挂钩；第二，强调问题的解决，怎么解决问题呢——提升能力、改善绩效。

要点六：指标数目尽可能少。

要点七：强调员工参与。定目标值、定指标是项全员工程。

要点八：绩效目标要持续改进，否则我们就没有生存的空间。

要点九：考核结果为正态分布。如何知道考核结果是不是正态分布呢？试运行！

要点十：以考核指标和工作表现为依据进行考评，避免个人情感因素的影响。指标的提炼非常重要，并且要客观衡量，否则主观感情色彩就会影响考评的结果。

要点十一：不同对象的考评内容和考评方式有所区别。不同的对象，考核内容当然不一样。考核的方式有的是定量指标，有的是定性指标，有的是一个月考核一次，有的是一个季度考核一次，有所区别。

要点十二：将考评工作纳入日常管理，成为常规性管理工作。怎么体现？随时记录，而且发现问题就面谈。

【深度学习 12】绩效管理的 10 大困扰

许多企业都在实施绩效管理，希望以此让企业获得更好的绩效。但是，实施后，多数企业都比较失望，因为他们深切体会到，要想让绩效管理获得成功实在不易！

那么，绩效管理为什么难？是什么原因导致我们做不好绩效管理？又有什么问题在困扰着我们？

根据多年企业管理顾问和管理培训经验，我们总结出绩效管理的10大困扰，也正是这10大困扰导致绩效管理失败。

（1）**绩效考核不考核绩效。**绩效考核到底应该考核什么内容呢？请看下面的案例。

某电子公司半年前决定实施绩效考核，并采用浮动工资制，浮动工资的多少根据绩效考核结果决定。这家公司根据不同的岗位将员工分成管理人员、技术人员和业务人员三大类，分别使用三张不同的绩效考核表，每一张绩效考核表都包含三方面的指标：工作态度、工作能力和工作绩效，每月考评一次。

在第一次绩效考核的那几天，由于指标无法客观衡量，很多人都不知道如何考核，考核结果让人啼笑皆非。在人力资源部的努力下，绩效考核坚持了5个月，基本上是走形式。后来，公司决定取消绩效考核。

几个月的绩效考核最终草草收场，变成了一场风波。公司总经理和人力资源部经理都在反思，知道有问题，但是，不知道问题出在哪里。

那么，问题到底出在哪里呢？

问题就出在考核指标上！

首先，设想一下，全公司这么多不同的岗位，仅仅使用三套考核指标能行吗？以管理人员为例，试问，什么叫“管理人员”？公司的总经理是不是管理人员？一个部门主管算不算管理人员？事实上，每一位管理人员，其工作职责不同，工作任务也是不一样的。既然他们做的工作不一样，又怎么能够拿同样的指标来考核呢？

其次，工作态度、工作能力这些并不是他们的工作内容，为什么要拿来考核呢？这样考核的结果，往往会导致“工作和考核两层皮”。如果要做的事情不考核，员工干嘛还要认真做呢？并且，考核的内容根本就不是员工正在做和要做的事情，这样的考核还有什么意义呢？

也就是说，案例中所谓的绩效考核，根本就没有考核绩效。这种情况在很多企业都存在，只是表现的方式不同而已。

例如，有的企业实施的绩效考核，是全公司所有的人都使用一张考核表，考核项目当然都是一样的“德、勤、能、绩”。为什么在绩效考核中考评这些东西？绩效考核就应该考核绩效，干吗非要把德、勤、能也搅在里面？这样说，并不是认为德、勤、能、工作态度和工作能力不重要，而是不要把这些放到一起考评，不要把这么多内容都统统放到绩效考核这个筐里！这个筐的容量是有限的，这个筐的设计是针对“绩效”的，并不适合装别的东西。

那么，什么是绩效呢？所谓的绩效，就是员工的岗位职责履行得如何，任务完成得如何？该干的活，干得如何？这才是绩效，其他的东西都不是绩效，不应该放在绩效考核中。所以，员工做什么就考什么，没做的事情就不要考评！

由此，我们还得出一个结论：考核之前必须要做一件事，就是明确每一个岗位的职责和任务。如果各个岗位的职责、任务都不清晰，不知道各个岗位该干什么，那么凭什么说人家干得好或不好呢？

关于工作态度并不是绝对不考评，要分清楚情况。如果是服务业，如酒楼、宾馆或旅行社，那么工作态度就是提供给客户服务的重要组成部分，员工的工作态度将会影响这类企业的服务质量，工作态度也就属于员工的工作内容了。干什么，就考评什么，这种情况下，当然就应该考评工作态度！

但是，我们应该把工作态度分解成一些具体的行为规范。例如，酒楼迎宾小姐的工作态度就应该是：①面带微笑；②双唇微开，露出牙齿；③目视客人，上身向前微倾；④右手展开，向酒楼方向呈 45 度角指引客人；⑤同时说道：“欢迎光临 × × 酒楼，请问……”这就是迎宾的工作态度！考核指标中，并不会出现抽象的“工作态度”这四个字，而是一些可以客观衡量的行为规范。

为什么我们做绩效考核的时候，经常说 KPI 呢？因为我们的精力和资源是有限的。如果我们弄了一大堆考核指标，二十几项，考核会实施不下去。因此，我们不是什么都要考核，而是只抓最重要的。

站在被考核者的角度，考核指标有什么，他们就重视什么。所以，我们不能把一个人所干的所有内容都进行考核，否则，就无法突出重点，导致考核过程复杂。

考核指标必须是企业重视的内容，“你重视什么就考核什么，员工会做好你所要考核的，而不是做好你心里所希望的事”，让员工做好你希望事情的方法就是把希望做好的事纳入考核指标。

总结为三句话：第一，干什么就考评什么。第二，公司重视什么就考评什么。第三，不要把德、勤、能、工作态度和工作能力这些内容纳入绩效考核，这些东西根本就不是绩效。

（2）**总经理不参与绩效考核**。我们先思考一个问题：“绩效考核、绩效管理应该由谁来做？”带着这个问题，先看一个真实的案例。

广州一家很大的集团公司，500 多人，但有 100 多亿元的资产，2006 年，这家公司的老板决心全力推行绩效管理，于是请我这个顾问做辅导。第一次开会，由集团人力资源总监主持，来了 10 个分公司的人力资源经理，公司常务副总裁也亲自参加。开会伊始，人力资源总监便说：“我们集团公司非常重视绩效考核……”接着常务副总裁讲了 15 分钟话，说集团如何重视绩效考核，并要求人力资源部门应该如何重视等，说完便离开了会场。

后来，人力资源总监问我：“曹老师，你给我们建议建议吧，推行绩效管理，我们应该怎么做？”

我说：“就从今天的这个会议开始说吧，开绩效管理的会，怎么参加的人全是你们人力资源干部呢？这不行，光人力资源干部怎么做绩效考核？你们订得了绩效指标吗？应该是集团总裁给各个分公司分配任务，集团总裁和各分公司的总经理共同商定各个分公司的指标，然后各个分公司总经理再将指标分解给各自的下属。”

他说：“我们也知道我们订不了各个分公司总经理的指标，可是，订不了也得订，这是总裁安排给我们的任务，我们正在苦恼呢。”

我说：“今天这个会跟你们说说可以，但没什么用，下一次把你们老板找来。”

他说：“我们总裁难得见一面。”

我说：“难得见一面也得见。这样吧，下一次约好总裁、各分公司总经理和各分公司的人力资源经理一起开会，我来跟他们讲明白绩效管理，他们应该参加，并且他们是主体，你们人力资源部门只是配合他们的，要让他们转变观念。”

观念从两个方面转变：

第一，考核是大家的事而不仅仅是人力资源部的事，各分公司总经理是主角。

这不是人力资源部干的活，因为人力资源部的人不懂业务！怎么卖房子你知道吗？怎么搞建筑你知道吗？你们都不知道，不知道你怎么定考核指标呢？人力资源部要做的，主要是为大家提供方法、工具、培训和信息，但是要订的这些目标、指标，是总裁给下面的总经理安排的任务，总经理再给下面的人安排的任务。绩效考核指标也一定是由各个部门的主管和总经理共同商定出来的，这些，人力资源部是掺和不进去的，所以各分公司的总经理必须要参与。

首先，总经理不参与，各个部门经理的考核指标和考核标准由谁来定？人力资源部门定不出来，各个部门自己也无法给自己定指标。如果总经理是旁观者，光看人力资源部怎么安排，这不行。如果各分公司的总经理不知道绩效管理是谁的责任，不知道用什么方法、用什么工具达到什么目的，如何来推进？绩效管理根本就搞不好，所以，我们说总经理是第一人力资源总监。

总经理是绩效管理第一责任人，不光要看，而且要亲自干。

其次，没有总经理直接参与，人力资源部门往往无法有效调度其他部门的总监、经理，特别是一些强势部门的经理，导致绩效管理体系建设进展缓慢。没有各个部门经理的全力参与，绩效管理制度体系往往建立的不完善。

最后，总经理不参与，各级干部及广大员工在实施绩效考核时，往往敷衍了事，导致绩效管理的实施效果大打折扣。

其实，总经理参加与否，很大程度上是向公司全体员工表明一种态度：绩效考核非常重要。总经理亲自抓会让公司各级干部感觉到“绩效管理很重要”，成功的概率也会高很多。

第二，总经理之外的其他人都接受考核，而总经理不被考核，是不对的。

在绩效管理体系里，绩效考核指标有 3 个层次：总经理的考核指标、部门经理的考核指标和各个岗位的考核指标。各个岗位的指标由部门经理的指标分解而来，部门经理的指标由总经理的指标分解而来。试想一下，如果没有总经理的考核指标，那部门经理的指标从哪里来？

公司总经理的指标承载了公司的战略目标，是绩效管理的关键所在。在制订绩效考核指标体系时，首先，必须根据公司的战略目标制订出总经理的考核指标，这个过程需要全体高层共同参与，花费很多时间来讨论论证，最后形成文档。所以一定要考核总经理。

（3）各级经理的抗拒。一些部门经理觉得：“人力资源管理是我额外的事，这怎么是我干的活？”

一家旅游景点，想要建立 3P 体系（职责体系、绩效管理体系和薪酬体系）。等订好指标，实施绩效考核的时候，发生了状况。因为总经理特别积极，特别想把这事做好，所以，各个经理、主管也都非常配合，开会的时候非常认真地记笔记，但是一个副总经理除外。

他没有参与考核指标的制订，不在乎绩效考核这件事。等轮到他考核下面人的时候，他觉得绩效考核占用了他很多时间，结果，他把考核表发给下属，让下属们自己去填考核结果。

还有一次，我们给一家知名电子制造企业做内训，公司要求所有的部门经理都参加，结果有一些部门经理发火说没时间，不参加，有些派他的助理或下面的人来。他们觉得绩效考核是人力资源部的事，所以不参加。

部门经理抗拒绩效考核，这反映了什么问题？

不少经理徒有虚名，并不具备经理人的素质，不知道该怎么去做经理。管理者不管理，还把自己当成一个超级销售员，把自己当成一个高级工程师，“看，我活干得多棒，我多牛。”还在暗暗庆幸。

其实，既然作为一个管理者，你就不是一个超级销售员，不是说你抓订单，把客户搞定就可以了。搞定客户固然重要，也的确值得庆、值得喜，但同时你更是一个管理者。

什么叫管理者？你要给下属们分配任务；你要能够识别、辨别谁干得好；你要评价他们的表现，评价他们的贡献度；你还要激励你的下属，并培训他们，让他们更高效地工作——这才是你该干的事，管理者必须要管理。

“我还忙着呢。”不少经理人用这样的托辞，该你干的事你不干，你忙什么忙！越是处于高职位，你的精力就越应该更多地放在管理下属上。你一个人，即使是吕布再世，又能够杀敌几个？

想当年项羽刘邦的帝王之争，即使项羽有“力拔山兮气盖世”之武略，但最终仍是刘邦赢得胜利，不能不说，把人才管理好是刘邦的制胜法宝，希望这给管理者们以启示。

（4）人力资源部不该干的事干了，越俎代庖。

我们经常接到一些电话说：“曹老师，我们下个月要把公司所有的考核指标全部制订出来，要在明年年初实施绩效管理。”

我说：“这事不是你干的活，怎么是你做？”

他说：“是老板让我做的。”

我说：“老板让你做你就做啊。”

他说：“那怎么办？”

组织培训，或者选择好的顾问公司。一些人力资源部不具备甄别的能力，认为这个某某教授有名，某某知名顾问公司有名，某某人写了几本书，身份够高，制订的指标就会好。这些固然都可以参考，但是，到底能不能解决企业问题，的确值得商榷。首先，麦肯锡咨询公司有水平，但是他会不会派有水平的顾问师过来？其次，即使派了顾问师过来，价格能够接受得了吗？最后，你们之间能配合得好吗？

除此之外，人力资源该干的事是收集人力资源管理的各种信息，制订方案、表格、工具。

（5）指标过多。指标设得过多有时似乎是没办法的事。但是，如果就把这么几个指标交给老板，老板会怎么想？也许会说：“你们工作太马虎了吧！才订了这些指标。”所以，一开始我们会先给他们做一套很复杂的东西，等往下分解实施开始显现出困难时候再跟老板说，绩效管理指标应该精简，应该做 KPI 管理指标。

企业自己做绩效管理时，也经常会遇到类似的问题。

我的一个客户在推行绩效管理，在推行过程中，他们犯了一个小小的错误，就是他们在做绩效管理定指标的时候，订了很多方面。

对于高级干部、中级干部、初级干部和普通员工，指标整整分了三大类。例如，考核品德素质能力就有十几项能力指标。

不是说品德不重要、能力不重要，毕竟什么样的人做出什么样活儿，如果这个人品德不好，他能好好干活吗？答案肯定是否定的。但把这些都放在绩效管理里面，权重太重，因为绩效指标这个方法的考核范围是有限的。

既然不能把什么东西都放在里面，到底应该什么时候进行品行考核和能力考核呢？

第一，在招聘时，看面试的这个人是不是具备这个能力。所以，企业要先建立一个岗位素质模型，然后根据这个模型对他进行测试，看他适不适合这个岗位。

笔者曾经的一个下属原来是做研发的，他工作还行，但总觉得有点生硬。结果，对他进行能力测试之后，对比岗位素质模型，发现他更适合做销售。转岗后，他在跟人打交道方面，如鱼得水，干得也很开心。

第二，在要提拔一个人的时候。企业在要提拔一个干部时，一般会做品行能力这方面的测试。

话说回来，在做绩效管理的时候，一定要注意，不要把所有的东西都放进绩效管理里，一码归一码。几个不同体系之间的确有关系，比如干部任用考核，也可以提高员工绩效，但不要和员工的绩效考核放在一块。甚至，有的企业组织了一些培训，把员工培训的到会情况也当作管理者的一项绩效指标。

就像一个抽屉，本来只放一种东西，当存放了越来越多其他东西之后，最后找什么都不方便。因此，企业要给指标归类，除了绩效考核指标体系之外，还可以设立不同的体系，如干部任用考评体系、奖金体系等，这是非常可行的一个解决办法。分开来做，变成几套系统，一步一步去落实，才能做得好。

否则，会把绩效考核指标做得太复杂。“哎呀！终于做绩效考核了，我们请了一个非常著名的顾问来做，好不容易做得十全十美，把这么多指标都给加进去。”不要想一口吃成胖子，因为太忙，大家会把绩效考核作为额外的负担，因为太难而没法落实，这样做，基本上可以肯定最后会以失败告终。

（6）绩效管理的考核标准难制订。

我的一个客户是清洁公司，前几年他们业务发展迅速，到现在的规模，老板觉得管理难做，便提出要做绩效，做了一段时间之后，叫我过来看，提提建议。

我一看他们的考核方案，别的不说，有一点就是指标太多，而且目标设得非常高。

老板说："就得定得高，这样员工才觉得有压力。"

如此高的目标，员工根本无法完成，已经有一部分员工干了一年，最后还要把自己的工资往里面贴钱，很多都离职了。

另外一家百年老店是上市企业，市值有100多亿元，全公司有40几家分公司，老板是女强人，非常精明能干，也很有个人魅力，她的几个直接下属都是大男人，对她都非常的佩服。

有一次，她说："哎，曹老师我请你吃饭。"一听吃饭我就知道有事。

她的下属曾跟我讲："我们老板啊，实在太厉害了。经常上午在深圳吃午餐，下午就飞到北京去了，吃饭的时候谈笑风生，把各个部门的任务都安排好并定好了指标。每次老板一讲话，哎呀，员工个个热血沸腾，大家都干劲十足。"可是，公司实施绩效考核却没有做好，原因是指标定得太高。公司的48个业务部门，只有6个部门完成任务，其他都完成不了任务。

结果吃饭时，这位老板便问我们原因，想知道下属为什么总完不成任务。

我说："你太强了，把你的下属都当成了你，以为他们都像你这样精力充沛，可以边吃饭边工作，可以少睡觉，像你这样聪明，过目不忘。但他们不是你，还没达到你这么高的水平，因此你的目标不能定太高，要合理，是大部分员工努力就能够达到的。这样做很简单，设定指标前，可以先统计一下，对于某项任务，大概15% ~20%的员工能够超额完成；60% ~70%的员工能够完成，另外总是有个5% ~10%的员工完不成，根据这样的难度程度设定指标就差不多了。同时，对于这些超额完成的员工，要实行奖励；对于老完不成任务的员工，你得有处罚措施，该奖的奖，该罚的罚。”

“有道理，好，后面就这样开始做。”老板边说边点头。

公司要想定一个合理的指标，一是要靠多年基础数据的积累，二是要靠管理者的经验。经验很重要，有经验的管理者，目标定多少，凭直觉就猜的差不多，心里就有数。另外，在指标设计出来后，不要一开始就正式实行，而应该采用试运行。至少要先试运行三个月，如果还不行，再试运行三个月，这样成功的概率会高很多。

（7）考核者的主观影响。

我有一个客户，哥哥是公司的总经理，但不是老板，弟弟是一个重要部门的部门经理。因为公司管理比较乱，大家能看到考核结果是谁写的，或者能猜出是谁写的。这个弟弟平常就比较厉害，当他的下级考核他时，因为牵涉利益问题，下属们往往不敢真实反映情况，所以弟弟的考核结果会比较好，但后来私下了解才发现情况并不真实。

考核者的主观影响常常表现为不公正、偏心。公平很难做到，但是不公平该怎么办？这其中的核心问题是指标问题。那我们到底应该怎么定指标？怎么定标准？

比如酒店做考核，要评判服务员的服务态度是好还是不好，是中还是良？首先，什么是“好”？因为没有标准，所以这个指标就非常主观。如果主管不愿得罪人，往往就全部是优或良。但如果设一些客观的指标，如客户进门时，有没有主动提行李；帮客户拉开门时，有没有说“请”等，有客观描述，就会尽量避免或减少考核者的主观影响。

(8) 考核结果运用不良。

考核结果运用不良，体现在两个方面：一是压根不运用，考评完了就完了，考核就像任务一样；第二是运用单一，只做简单的单项运用，比如仅仅用在加减薪、奖励和惩罚，或升降职上。

我的客户中有一家生产医疗设备的外资企业，经营得非常不错，效益很好，企业管理也做得井井有条。他们在实施绩效管理后，发现没有效果，于是高层坐在一起分析原因。

我问：“绩效考核结果你们是怎么运用的?”

他们说，不运用。

我说：“结果都不运用，谁会在乎啊?”

后来了解到，这家公司的工资跟岗位相关，等级森严。工资的涨降主要由公司领导和人力资源部门的态度决定，这最终导致员工对考核不在乎，对任务的完成结果不在意，却喜欢通过各种场合在老板面前表现自己特有能力或特努力。比如，大家如果知道今天总经理下班晚，所有人就都不走，干吗呢？加班。闷头干，老板一走，大家也跟着走。一些人会拍领导马屁，也会讨好人力资源部，这时员工就没把精力放在怎么样做好工作上，而放在怎么样做好关系上，这样的考核当然有问题。所以，我建议他们，考核结果要逐渐跟薪酬、晋升挂钩。

另一家集团公司考核分公司总经理，规定绩效达到合格就留用，不合格就罢免。这种考核结果的运用就太单一，太粗放，考核结果不管是合格还是不合格也要分程度、有梯度，怎么能如此一刀切呢？可见简单运用也是不合适的。

那么，究竟该怎么运用?

第一步，最好先试运行一下。制定好的绩效管理体系一般开始都会有些问题，而在设立计时往往没有办法预计，因此要试运行一段时间，在试运行过程中会发生一些预想不到的问题。试运行多长时间呢？一般我们建议 3 个月左右的时间，在此期间，要跟员工说清楚，在试运行阶段，只考核，结果先不运用。大家要全情投入，尽量发现问题，以便今后对考核方案加以改善。

第二步，初步试用。头 3 个月也许考核结果对薪酬、奖金、晋升等各个方面还没有什么影响，在 4 ~ 6 个月间，会有小幅影响，比前 3 个月的影响要强很多。但运用过程不能太快，不要期望一步到位，可以设定一定比例，循序渐进。

第三步，如果前面都顺利，能够找到问题并及时改善，这时就可以正式运用。整个考核结果的运用过程是渐进式的，一步一步来，可以先将考核和奖金挂钩，再与晋升挂钩，给员工一个逐步接受的过程。

（9）**缺少绩效分析**。企业做绩效考核，首先应该明确考评的目的是什么。

考评的根本目的是为了改善，改善员工的工作态度，提高员工的能力，从而改善整个团队的绩效。而要改善整个团队的绩效，不做绩效分析是不行的。

我们先看看绩效管理是怎么循环的?

第一步是制订绩效计划，制订每个岗位的任务和指标，不仅给出任务，还要确定质量标准和衡量标准。

第二步是绩效实施，设定好员工执行的任务。

第三步是绩效考核，该干的活干得如何，要对他的工作做评价。

第四步是绩效分析，考核完一定要分析，具体可以通过面谈等方式进行，如员工能出色完成任务的原因是什么，员工工作失误、表现差的原因是什么，做得好的经验加以推广，做得差的及时改善，整个分析结果最后要作为公司的基础数据加以存档。

比如一家化学公司某一车间的目标是每日生产质量符合规定的过磷酸钙肥料 400 吨。车间按计划生产了两天，发现每天生产不到 300 吨，这时拉长和下属们就要开始分析原因了，看是工人不够熟练，还是原料供应不及时，或是员工积极性不高，根据原因找出解决方案，从而完成整个绩效目标，这样才能达到绩效管理的目的。

那么，应该由谁去分析，由谁去做绩效改善？

做分析的主体应该是任务执行人和他的直接上司，对企业来说，主要是各个部门的领导、总经理。不要让人力资源部去分析，他们不了解工作状况，如何做分析？人力资源部的作用是辅助，给大家提供分析方法和工具，进行记录、文件汇总和归档等，最终提供宏观的分析报告。

（10）**迷信**。做了这么多年的管理顾问，经常会有人问："曹老师，有什么真传和绝招就教我们几招，或者有什么经典工具和模板，我们直接拿回去就能用最好了。"企业管理没有什么绝招，只有把公司的任务、目标理清楚，把公司各个岗位的 SOP（标准作业流程）做出来，踏踏实实地把这些基础工作都做好，这些才是绝招。

把基础工作做好，然后再去找一些方法，所谓"先有道，后有术"。但不少人在绩效管理的过程中还是非常迷信的，表现在很多方面。

第一，迷信自己过去成功的经验，经验主义。过去成功的经验固然重要，但成功是需要若干条件的。一些从知名企业出来的人到了新公司，或是给别的企业当顾问，还是套用原来的方法，殊不知现在的环境与当时的环境已不一样，比如软件行业。当然，成功的经验可以借鉴，但不能迷信。

第二，迷信明星企业。海尔好不好，很好；华为好不好，非常好；富士康好不好，也很好，然而将这些企业一整套的做法用到你们企业，就不一定有效了。所以，我们不能迷信一些明星企业、明星企业家和顶级顾问公司。松下幸之助说过：“任何套用成功企业方法的行为，都会导致失败。”我觉得这句话非常有哲理。

第三，迷信商学院、教科书。即使是经典的案例和方法，我们也不能迷信，所以，要分析成功的原因究竟是什么。管理对环境具有依赖性，借鉴方法时一定要根据具体情况和具体条件，不可照搬，不可迷信。

附录一
某股份有限公司
绩效管理制度

某股份有限公司绩效管理制度

2014 年 08 月

第一章　总则

一、目的

为充分调动某某股份有限公司（以下简称公司）员工的工作积极性和创造性，提高公司整体经营绩效，实现公司战略目标而制订本制度。

二、适用范围

本制度适用于公司所有在职员工。

第二章　绩效管理的组织及职责

一、绩效管理领导小组

绩效管理领导小组在公司绩效管理中的主要职责为：

（1）审议公司绩效管理制度，经董事长审批后执行。

（2）审议公司、事业部年度绩效目标，经董事长审批后执行。

（3）审议高管的考核结果运用方案，经董事长审批后执行。

（4）监督指导公司绩效管理工作的开展。

（5）审议绩效管理的其他重要事项。

二、总部人力资源部

总部人力资源部作为整个公司绩效管理的统筹和组织机构，负责总部绩效管理的组织实施，负责监督、指导事业部绩效管理工作的开展，主要职责为：

（1）组织拟订与完善公司绩效管理制度及相关管理办法。

（2）组织、指导总部各部门建立各岗位的绩效考核指标、考核标准和目标值等。

（3）组织和指导总部各部门各种绩效考核数据的收集并进行备案。

（4）定期收集总部各个部门的绩效考核结果，汇总统计考核评分结果。

（5）建立绩效管理档案，对总部所有员工、各事业部经理级及以上员工的绩效考核结果进行备案。

（6）拟定总部所有员工、各事业部经理级及以上员工的考核结果的运用方案，包括绩效工资和年终效益奖的发放、岗位工资调整、职级调整、岗位调动和培训等。

（7）收集公司内部对绩效管理工作的反馈意见，并加以分类、汇总、分析。

（8）指导并监督事业部绩效管理工作的开展。

三、各事业部人力资源部

各事业部人力资源部为事业部绩效管理的组织实施机构，负责本事业部绩效管理组织工作，主要职责为：

（1）组织、指导事业部各部门建立各岗位绩效考核指标、考核标准、目标值等。

（2）组织和指导事业部各部门绩效考核数据的收集，并备案。

（3）及时收集事业部各部门的绩效考核结果，汇总统计考核评分结果。

（4）建立绩效档案，对事业部所有员工的绩效考核结果进行备案。

（5）拟定事业部经理级以下员工的绩效考核结果的运用方案，包括绩效工资、年终效益奖的发放、岗位工资调整、职级调整、岗位调动和培训等。

(6) 收集事业部内部对绩效管理工作的反馈意见，加以分类、汇总、分析，并上报总部人力资源部备案。

总部经营管理部作为事业部组织绩效的管理机构，负责事业部经营目标的拟定与分解、事业部经营业绩的过程控制及经营结果的跟踪确认，为总裁考核事业部总经理提供相关信息。

各级管理人员为绩效管理的具体实施者，主要职责包括：

(1) 负责下属员工的绩效管理工作，包括绩效目标的设定、过程中的检查和辅导、考核数据的收集和考核结果的沟通。

(2) 指导员工制订绩效改进方案。

(3) 协助申诉受理部门处理下属员工的绩效考核申诉。

(4) 向人力资源部提供本部门的绩效考核数据及信息，并注明数据或信息来源。

四、绩效管理监督小组

监督小组的成立充分体现了公司对于被考核人权益的保护，同时，也在一定程度上减少了不公正考核情况的发生。监督小组成员主要由员工代表组成，组长可以由工会主席担任，或者由小组成员选举产生，主要职责包括：

(1) 受理员工对于考核结果的申诉和投诉，内容包括对绩效考核数据的收集、考核结果等的不满。

(2) 对于员工的申诉或投诉，在规定的时间答复并负责处理，包括核实情况、实施调节及提请对于公司绩效的改进建议。

(3) 监督有关人员在绩效管理中的行为，并及时报告绩效管理领导小组。

第三章　绩效指标体系

一、绩效指标库的建立及管理

绩效指标库是各个事业部组织关键绩效考核指标和各个岗位关键绩效考核指标的汇总，用于签订绩效合同时提取指标，指标库不含目标值和权重（绩效指标库模板详见附表）。

（一）绩效指标及类型

绩效指标包括关键绩效指标（KPI）和“否决类”指标。

1. 关键绩效指标

关键绩效指标是有效反映被考核者工作成果的衡量指标，可分为定量指标与定性指标两种。

定性指标是指职责范围内的一些过程性、难以量化的关键工作任务目标，主要用于弥补量化的 KPI 所不能反映的方面，是为了通过过程控制，确保结果性指标能顺利实现。职能人员和支持服务人员的考核指标多为定性指标，用于强化对本岗位工作重点的认识。

通过对各个指标设置不同的权重，体现各个指标的重要性和公司的战略导向性。

2. “否决类”指标

“否决类”指标旨在杜绝严重违纪违规行为、重大安全责任事故的发生，根据公司生产运营实际情况及企业文化来设定。在考核中如果此项指标考核不合格，被考核者当期考核结果记零分。

（二）绩效指标库的建立

在人力资源部的组织、指导下，由考核者主导、被考核者参与，根据岗位职责、部门职能、公司战略、企业文化等方面，提取被考核者所在岗位的关键绩效指标。汇总岗位相关的关键绩效指标后，报被考核者间接上级审核后，报送人力资源部审核和备案。

（三）绩效指标库的维护与更新

1. 定期更新

在人力资源部的组织下，各部门负责人每半年对本部门绩效指标库进行完善和更新，报各单位人力资源部审核和备案。

2. 临时性变动

当工作内容发生变动时，各部门负责人根据变动情况对绩效指标库进行调整，并报各单位人力资源部审核和备案。

四、绩效合同

在每次考核前，考核者需要同考核对象签订绩效合同，绩效合同中包含当期的考核指标、各个指标对应的目标值、权重等。

签订绩效合同时，需根据当期公司战略重点、被考核岗位的工作职责，从指标库筛选出合适的指标，并通过上下沟通确定目标值及各个指标的权重。

签订绩效合同时可同时完善和调整指标库。

五、绩效指标及目标值的确立原则

为保证绩效考核的有效性，绩效指标及目标值的确定须遵循SMART原则。

（一）目标值的确定

目标值要与公司战略目标一致，在公司战略目标指导之下，自上而下分解。在试运行和正式实施考核时，根据自身资源情况和外部环境变化适当调整，通常要求考核结果呈正态分布。

（二）考核指标的权重

考核指标的权重表示各个考核指标的重要程度，在设定考核指标的权重时应注意：

（1）权重分配应保持在同级别、同类型岗位之间的一致性，同时又要兼顾每个岗位的独特性。

（2）职位越高，结果类指标权重应逐渐增大；越往基层，过程类指标权重逐渐增大。

（3）优先选择定量指标，定性指标权重不宜过大。

（4）每一项指标的权重一般不大于40%，不小于5%，特殊情况下可以突破。

（5）权重一般取5的整数倍，可简化计算的难度。

六、评分标准

评分标准是依据目标值和实际完成值计算各个绩效指标得分的标准，评分标准相关规定如下：

（1）定量指标

完成率类定量指标。对于利润完成率、销售收入完成率等指标，列明指标最终结果与考核得分的关系，得分一般采用线性变化计算。

扣分类定量指标。对于完成若干次报告、组织若干次活动、出现一次错误扣若干分等类型指标，列明增加或减少一次加减的分数。

（2）定性指标

对于难以量化方式进行考核的指标，例如：有效性、工作配合性、制度完善性等指标，列明指标应达到的细化目标，以及评分原则。

（3）否决类指标

对于影响公司正常运营的重大指标，例如安全类指标，如果未达到公司要求，当期考核总成绩为零分。

七、考核关系

考核者是考核实施的主体，主导拟定、签订绩效合同，并有权对被考核者的绩效实施考核评分。

被考核者是考核实施的客体，参与拟定及签订绩效合同，接受考核者对自身的绩效进行考核评分。

考核者一般由直接上级担任，对被考核者（直接下级）进行考核评分。

事业部财务经理由总部财务总监进行考核。

八、考核数据来源

考核数据来源是指为某项考核指标提供原始数据的部门或个人，各部门必须按考核要求客观、准确地提供相应数据。常见数据来源有：财务部、经营管理部、信息管理部和所有考核者等。

第四章　绩效管理实施

第一节　绩效管理实施办法

一、总部绩效管理实施办法

总部绩效管理实施办法如表 1 所示：

表 1　总部绩效管理实施办法

被考核者	考核者	考核周期	考核结果计算	备注
公司章程中明确的高管	董事会	年度	年度考核得分（a）＝∑（年度 KPI 考核指标得分×权重）	
部门经理	直接上级	月度	月度考核得分（a）＝∑（月度 KPI 考核指标得分×权重）	
		年度	年度考核得分（b）＝∑ a/12	
一般员工	直接上级	月度	月度考核得分（a）＝∑（月度 KPI 考核指标得分×权重）	
		年度	年度考核得分（b）＝∑ a/12	

二、第一事业部绩效管理实施办法

第一事业部绩效管理实施办法如表 2 所示：

表 2　第一事业部绩效管理实施办法

被考核者	考核者权重	考核周期	考核结果计算	备注
总经理	总裁 100%	年度	年度考核得分 = ∑（年度 KPI 考核指标得分 × 权重）	
总监	总经理 100%	年度	年度考核得分 = ∑（年度 KPI 考核指标得分 × 权重）	
部门经理（不含财务经理）	直接上级 100%	月度	月度考核得分（a） = ∑（月度 KPI 考核指标得分 × 权重）	
		年度	年度考核得分（b） = ∑ a/12	
财务经理	总部财务总监 100%	月度	月度考核得分（a） = ∑（月度 KPI 考核指标得分 × 权重）	
		年度	年度考核得分（b） = ∑ a/12	
一般员工	直接上级 100%	月度	月度考核得分（a） = ∑（月度 KPI 考核指标得分 × 权重）	
		年度	年度考核得分（b） = ∑ a/12	

三、第二事业部绩效管理实施办法

第二事业部绩效管理实施办法如表 3 所示：

表 3　第二事业部绩效管理实施办法

被考核者	考核者	考核周期	考核结果计算	备注
总经理	总裁 100%	年度	年度考核得分 = ∑（年度 KPI 考核指标得分 × 权重）	
总监	总经理 190%	年度	年度考核得分 = ∑（年度 KPI 考核指标得分 × 权重）	
部门经理（不含财务经理）	直接上级 100%	月度	月度考核得分（a） = ∑（月度 KPI 考核指标得分 × 权重）	
		年度	年度考核得分（b） = ∑ a/12	
财务经理	总部财务总监 100%	月度	月度考核得分（a） = ∑（月度 KPI 考核指标得分 × 权重）	
		年度	年度考核得分（b） = ∑ a/12	

续表

被考核者	考核者	考核周期	考核结果计算	备注
一般员工	直接上级 100%	月度	月度考核得分（a）＝∑（月度 KPI 考核指标得分×权重）	
		年度	年度考核得分（b）＝∑ a/12	

四、第三事业部绩效管理实施办法

第三事业部绩效管理实施办法如表 4 所示：

表 4　第三事业部绩效管理实施办法

被考核者	考核者	考核周期	考核结果计算	备注
总经理	总裁 100%	年度	年度考核得分＝∑（年度 KPI 考核指标得分×权重）	
总监	总经理 100%	年度	年度考核得分＝∑（年度 KPI 考核指标得分×权重）	
部门经理（不含财务经理）	直接上级 100%	月度	月度考核得分（a）＝∑（月度 KPI 考核指标得分×权重）	
		年度	年度考核得分（b）＝∑ a/12	
财务经理	总部财务总监 100%	月度	月度考核得分（a）＝∑（月度 KPI 考核指标得分×权重）	
		年度	年度考核得分（b）＝∑ a/12	
一般员工	直接上级 100%	月度	月度考核得分（a）＝∑（月度 KPI 考核指标得分×权重）	
		年度	年度考核得分（b）＝∑ a/12	

第二节　绩效管理实施细则

一、绩效管理实施的主要环节

绩效管理实施环节主要包含：

（1）绩效合同签订。

（2）绩效检查－记录－辅导。

（3）绩效考核（评分或算分）。

（4）绩效反馈与改善。

（5）绩效结果运用等环节。

绩效管理流程一般需要另外拟定流程，通常作为公司流程管理文件或者绩效管理实施细则的附件。

二、绩效合同的签订

绩效合同是在各个考核周期前由考核者与被考核者签订的书面文件，主要内容包括关键绩效指标、评分标准、目标值和权重等信息。

（一）绩效合同签订程序

（1）考核者与被考核者根据公司战略、当期重点工作、岗位职责及上期绩效结果，共同协商，从绩效指标库中选取合适的指标，并设定各绩效指标的目标、权重和评分标准。

（2）拟定《绩效合同》。

（3）经上级审核通过后，考核者与被考核者签订《绩效合同》。

（二）绩效合同签订时间

绩效合同签订时间一般在上一个考核周期期末签订，不同绩效考核周期的绩效合同签订时间规定如下：

月度考核：月度绩效合同须在上月末，通常在每月25～28日签订。

季度考核：季度绩效合同须在上季度末，通常在每月25～28日签订。

年度考核：年度绩效合同须在上年末，通常在每月20～25日签订。

三、绩效合同的管理

绩效合同的保管：总部员工绩效合同由总部人力资源部负责保管，事业部的绩效合同由各个事业部人力资源部负责保管，报总部人力资源部备案。

绩效合同查阅：查阅总部高管人员的绩效合同需经总裁批准，查阅总部其他人员绩效合同需经人力资源总监批准，查阅事业部任何人员的绩效合同需经事业部总经理批准。

绩效合同档案属于受控文件，未经批准不得复印或带出。

四、绩效辅导

在绩效实施过程中，考核者要对被考核者的工作进展情况进行适时的检查（使用工作任务跟踪表，见附录一附表3）监督和指导，确保绩效目标的实现。绩效辅导的内容应主要包括以下几点：

（1）检查、确认计划完成情况及效果。

（2）研讨目标能否实现及具体举措。

（3）讨论工作现状及存在的问题，并提出改进方法。

（4）关注员工的要求或期望，提供所需资源及支持。

五、绩效记录

考核者应通过工作任务跟踪表记录被考核者的日常表现情况，作为考核评分的原始依据之一。

六、绩效考核评分

（一）考核数据收集、评分和考核结果计算

（1）绩效考核数据收集。财务部、经营管理部、信息管理部等部门负责人及考核者本人提供绩效考核所需的信息和数据。

（2）绩效考核评分。考核者依据评分标准，对被考核者的各项关键绩效指标进行评分，被考核者的间接上级负责对绩效考核评分结果进行审核。

（3）绩效考核得分计算。当期绩效考核得分由各项KPI分值加权得出（有“否决性”指标的，必须符合要求），计算公式为：

$$\text{当期绩效考核得分} = \sum \text{KPI} \times \text{权重}$$

（二）绩效考核评分的时间

各考核者必须在规定时间内完成绩效考核评分，并将结果上报上级审核，然后由分管领导或部门负责人汇总所辖部门绩效考核结果，报送总部或事业部人力资源部。不同考核周期绩效考核结果报送人力资源部的截止日期如下：

月度考核：当期月度绩效考核结果于次月 3 日前提交至人力资源部。

季度考核：当期季度绩效考核结果于下季度第一个月 5 日前提交至人力资源部。

年度考核：当期年度绩效考核结果于次年 1 月 10 日前提交至人力资源部。

（三）考核结果的等级划分及系数的确定

（1）根据员工当期绩效考核得分，由人力资源部对员工当期绩效考核得分进行等级划分，并得出绩效考核系数，绩效等级划分依据及绩效系数对应表详见表 5 所示。

表 5　绩效考核得分等级划分及绩效系数对应表

绩效考核得分（分）	(100，120]	(90，100]	(80，90]	(70，80]	(60，70]	(50，60]	⇒50
绩效考核等级	A	B	C	D	E	F	G
绩效系数	1.3	1.1	0.9	0.8	0.6	0.4	0

（2）原则上，员工绩效考核的结果应符合正态分布。各级人力资源部可根据当期考核结果分布情况及当期各单位绩效实际实现情况，确定是否执行强制分布，并制订实施细则，报绩效管理领导小组审议通过后实施。

（四）其他规定

绩效指标及目标值的调整：若外部环境出现较大波动或遇到不可抗力因素，经绩效管理领导小组审议通过后，可对绩效指标及对应的目标值进行调整。

考核结果保存：当期绩效考核结束后，人力资源部负责考核资料的整理、归档工作。

考核数据要求：公司各部门按要求提供的绩效指标数据必须真实、完整。

考核数据核实方法：为保证数据收集结果的真实性和完整性，人力资源部可采取个别谈话、征求客户意见、审计工作报告、调阅有关材料和数据、听取监督部门意见等方式，对所采集的数据进行评估，若发现数据与事实不符，督促相关部门及时更正。

七、绩效反馈沟通

当期绩效考核结束后，考核者与被考核者就考核结果进行沟通，并填写《绩效考核沟通反馈表》（见附录一附表4），双方签字确认后提交人力资源部备案。

绩效考核结果运用有以下几种方式：

（1）**绩效奖金的计算**。员工的月度、季度和年度绩效考核结果是员工绩效工资计算的依据，绩效工资计算公式为：

当期绩效工资 = 标准绩效工资 × 当期考核系数

详见《某某股份有限公司薪酬管理制度》。

（2）**薪酬调整的重要依据**。员工绩效考核结果是薪酬档级调整的重要依据之一，详见《某某股份有限公司薪酬管理制度》。

（3）**职位调整的参考依据**。绩效优异是职位晋升的必备条件，员工绩效考核结果是职位晋升决策的重要依据之一。对绩效表现较差者，视情况进行调岗或降级处理。

（4）**培训需求的参考依据**。员工考核结果与《绩效考核沟通反馈表》是确定员工培训需求的重要依据。人力资源部根据员工的考核结果，结合各个考核者反馈的信息设计有针对性的培训课程，旨在提高员工素质能力和工作绩效。具体培训方案的拟定参照《某某公司培训管理制度》。

第五章　申诉及其处理

一、申诉受理机构

员工对绩效考核结果持有异议，可向绩效管理监督小组提出申诉，公司设立申述专用邮箱，员工如不接受绩效管理监督小组的申诉处理意见，可向公司绩效管理领导小组提出申诉。

提交申诉以书面形式向绩效管理监督小组提交《绩效考核申诉表》（见附录一附表5），申诉表内容包括申诉人姓名、部门、申诉事项和申诉理由。

二、申诉受理

（一）申诉受理

绩效管理监督小组接到员工书面申诉表后，应在1个工作日内做出是否受理的答复。对于申诉事项无客观事实依据的申诉不予受理，同时解释原因。

受理的申诉事件，首先由绩效管理监督小组组长安排专人对员工申诉内容进行调查，然后与员工所在部门负责人或考核者进行协调处理，协调不成，绩效管理监督小组可以依据公司相关制度和事实依据仲裁。若员工对绩效管理监督小组的仲裁持有异议，申述人可向公司绩效管理领导小组提出申诉。

（二）申诉处理答复

绩效管理监督小组应在接到员工申诉表的10个工作日内给出协调处理结果或做出仲裁，解决不了上报给上级绩效管理领导小组。

外地员工申诉的处理时限可根据实际情况进行相应的延长。

第六章　附则

（1）本管理制度由人力资源部负责解释、修改和调整，由绩效管理领导小组审议、董事长审批。

（2）本管理制度实施后，原有类似规章制度自行终止，与本管理制度有抵触的规定一律以本管理制度为准。

（3）本管理制度自 2014 年 9 月 1 日起颁布实施。

附表 1　关键绩效指标库

某某股份有限公司

________ 关键绩效指标库

部门：　　　　　　　　岗位：　　　　　　　　更新日期：

编号	指标名称	指标描述/计算公式	单位	评分标准	信息来源	备注
1						
2						
3						
4						
5						
6						
…						

附表 2　绩效合同

________年（季/月）绩效合同

部门/单位：　　　员工姓名：＊＊＊　　　员工岗位：　　　考评周期：＊＊

<table>
<tr><td colspan="2">考核内容</td><td>指标名称</td><td>指标定义/评分标准</td><td>权重</td><td>目标值</td><td>实际完成值</td><td>单位</td><td>数据来源（部门或表单）</td><td>得分</td><td>加权得分</td></tr>
<tr><td rowspan="6">关键绩效指标</td><td rowspan="4">定量指标</td><td></td><td></td><td></td><td></td><td></td><td></td><td></td><td></td><td></td></tr>
<tr><td></td><td></td><td></td><td></td><td></td><td></td><td></td><td></td><td></td></tr>
<tr><td></td><td></td><td></td><td></td><td></td><td></td><td></td><td></td><td></td></tr>
<tr><td></td><td></td><td></td><td></td><td></td><td></td><td></td><td></td><td></td></tr>
<tr><td rowspan="2">定性指标</td><td>指标名称</td><td>指标定义/评分标准</td><td>权重</td><td colspan="3">事实描述</td><td>评价主体</td><td>得分</td><td>加权得分</td></tr>
<tr><td></td><td></td><td></td><td colspan="3"></td><td></td><td></td><td></td></tr>
<tr><td colspan="2" rowspan="2">否决类指标</td><td>否决类指标名称</td><td>指标定义</td><td colspan="4">考核期间该种情况是否出现</td><td>评价主体</td><td colspan="2">是否归零</td></tr>
<tr><td></td><td></td><td colspan="4"></td><td></td><td colspan="2"></td></tr>
<tr><td colspan="11" align="right">合计得分：</td></tr>
<tr><td colspan="11">考核评语：</td></tr>
<tr><td colspan="2">期初确认</td><td colspan="2">被考核者签字：　日期：</td><td colspan="4">考核者签字：　日期：</td><td colspan="3">审核者签字：　日期：</td></tr>
<tr><td colspan="2">期末确认</td><td colspan="2">被考核者签字：　日期：</td><td colspan="4">考核者签字：　日期：</td><td colspan="3">审核者签字：　日期：</td></tr>
</table>

附表 3　工作任务跟踪表

某某股份有限公司

工作任务跟踪表

填报人：____________　填报人所在部门：____________　提交日期：____________

序号	指标项	工作内容	执行情况	时间

续表

序号	指标项	工作内容	执行情况	时间

附表4　绩效考核沟通反馈表

绩效考核沟通反馈表

日期：　　年　　月　　日

员工（被考核者）姓名：	职位：
直接上级（考核者）姓名：	职位：
确认工作目标是否实现（讨论目标计划完成情况及效果，目标实现与否；双方阐述部门目标与个人目标，并使两者相一致，提出工作建议或意见）	
工作评估（对工作进展情况、工作态度、工作方法提出评价，什么做得好，什么尚需改进；讨论工作现状及存在的问题）	
改进措施：（讨论工作优缺点、在此基础上提出改进措施、解决办法及个人发展建议）	
补充内容：	
直接上级签名：	员工签名：

注：本表由直接上级（考核者）填写，注意填写内容的真实性，该表经考核者、被考核者共同签字确认后，交人力资源部审核备案；考核者与被考核者各持有一份；具体内容可根据实际情况适当增删。

附表5　绩效考核申诉表

绩效考核申诉表

申诉日期：　　年　　月　　日

姓名：________	职位：________
部门：________	考核期间：________
有争议的考核部分： 认为有争议的原因：	修正建议：
人力资源部意见： 负责人签字：	
总裁裁决意见： 总裁签字：	

附录二
指标库举例

表6　生产管理部指标库

指标编号	指标名称	指标定义	设置目的	计算公式	计量单位	目标值	评分标准	考核周期	统计部门	信息来源	其他说明
1	产能利用率	工业总产出对生产设备的比率	评估实际生产能力	统计期实际产能/统计期设计产能×100%	百分比	90%	每+-1%，+-5分	月	生产管理部、财务部	生产统计数据、财务部相关财务统计数据	
2	订单及时交付率	准时交付次数与总交付次数的比率	满足客户需求	及时交付次数/总交付次数×100%	百分比		每+-1%，+-5分	月、季	销售部	销售统计数据	
3	设备完好运行率	设备完好运行时间占生产运行时间的百分比，生产运行时间=设备异常停止时间+设备实际运行时间	促进生产单位重视设备维护和保养工作	1-统计期设备异常停止时间/统计期（设备实际运行时间+异常停止时间）×100%	百分比		每+-1%，+-5分	月、季	生产管理部	车间统计数据、设备检修报表	
4	生产计划准确率	生产计划调整次数与下达计划次数的比值	按订单制订生产计划流程	统计期生产计划调整次数/统计期生产计划数×100%	百分比		每+-1%，+-5分	月	生产管理部	生产统计数据	
5	生产计划完成率	生产实际完成情况与计划要求的量比值	说明实现生产计划的程度	按计划完成的生产任务/当月总生产任务×100%	百分比		每-1%，扣10分	月	生产管理部	生产统计数据	
6	培训课时完成率	本部门在统计期内员工所应当接受的培训是否按时完成	促进本部门重视和支持培训工作	统计期员工实际培训课时/统计期计划培训课时×100%	百分比		每+-1%，+-5分	季	人力资源部	人力资源部相关统计数据	

表7 生产车间指标库

指标编号	指标名称	指标定义	设置目的	计算公式	计量单位	目标值	评分标准	考核周期	统计部门	信息来源	其他说明
1	产量	统计期各类产品合格产出量	衡量出产数量，引导生产单位扩大经营规模	统计期各类产品合格产出量	吨		每+-1吨，+-5分	月	生产管理部、质量部、财务部	生产报表、质量检验报表、相关财务统计数据	
2	综合成本	生产单位产品而平均耗费的综合成本支出	控制生产过程中的综合成本支出	统计期总综合成本支出/统计期总产量	元/吨		每+-0.1元，-+5分	月	财务部	财务部相关财务统计数据	
3	订单及时交付率	准时交付次数与总交付次数的比率	满足客户需求	及时交付次数/总交付次数×100%	百分比		每+-1%，+-5分	月、季	销售部	销售统计数据	
4	产品合格率	产品生产合格产量的比率	考察产品生产的质量合格率	统计期完成的合格产品的产量/统计期总生产量×100%	百分比		每+-1%，+-5分	月	质量管理部	质量统计数据	
5	设备完好运行率	设备完好运行时间占生产运行时间的百分比，生产运行时间=设备异常停止时间+设备实际运行时间	促进生产单位重视设备维护和保养工作	1-统计期设备异常停止时间/统计期（设备实际运行时间+异常停止时间）×100%	百分比		每+-1%，+-5分	月、季	生产管理部	车间统计数据、设备检修报表	
6	生产计划完成率	生产实际完成情况与计划要求之比	说明实现生产计划的程度	按计划完成的生产任务/当月总生产任务×100%	百分比		每-1%，扣10分	月	生产管理部	生产统计数据	
7	培训课时完成率	本部门在统计期内员工所应当接受的培训是否按时完成	促进本部门重视和支持培训工作	统计期员工实际培训课时/统计期计划培训课时×100%	百分比		每+-1%，+-5分	季	人力资源部	人力资源部相关统计数据	

表 8 设施管理部

指标编号	指标名称	指标定义	设置目的	计算公式	计量单位	目标值	评分标准	考核周期	统计部门	信息来源	其他说明
1	客户满意度	书面调查公司内外部相关客户对本部门产品、服务等的满意度	提升可靠性和安全程度，提高市场化水平，提高服务水平	按满意度测评办法统计	百分比		每+-1%，+-5分	季	设备管理部	满意度调查表	
2	检修费用控制率	设备检修实际开支金额与预算金额的比值	控制设备检修费用支出	（统计期实际检修费用-统计期预算检修费用）/统计期预算检修费用100%	百分比		每+1%，-5分	月	设备管理部、财务部	检修报表、财务统计数据	
3	物料计量准确性	外购的水、电、蒸汽、空气用量计量的准确程度（可分别计量）	保证计量准确，控制生产成本支出	统计期实际损耗量/统计期总用量100%	次数	≤5‰	每+1‰，-5分	月	设备管理部、财务部、生产管理部、车间	检修报表、财务统计数据、生产统计报表	
4	设备投产按期完成率	设备投产按期完成项目数与设备投产计划完成项目数之比	加强设备安装调试及验收流程效率	统计期设备投产按期完成项目数/统计期设备投产计划完成项目数×100%	百分比		每+-1%，+-5分	半年	生产管理部	车间统计数据	
5	产值能耗降低评价	对产值能耗的评价依据：同期能耗与产值之比	抓好节能、降耗、减排等工作	统计期领导打分的平均值	分数			月、季	财务部	财务部统计数据、各领导打分	
6	基建工程进度完成情况	工程按进度完成项目与工程计划完成项目之比	监督基建工程完工进度	统计期工程按进度完成项目/统计期工程计划完成项目×100%	百分比		每+-1%，+-5分	年	设施管理部	施工单位、监理单位、质检部门	

续表

指标编号	指标名称	指标定义	设置目的	计算公式	计量单位	目标值	评分标准	考核周期	统计部门	信息来源	其他说明
7	技改项目的运作情况	技术改造的立项准备、项目评审、运行实施、结果反馈等全过程	保障项目实施的效果，完成节能降耗、降低成本的目标	1－项目实施期内的能耗金额/项目实施前的能耗金额	百分比		每＋－1%，＋－5分	项目周期	财务部	财务部统计数据	
8	入职培训课时完成率	本部门在考核期内新人职员工所应当接受的培训是否按时完成	促进本部门重视和支持入职培训工作	统计期新员工实际入职培训课时/统计期计划培训课时×100%	百分比		每＋－1%，＋－5分	季	人力资源部	人力资源部相关统计数据	
9	员工培训覆盖率	本部门在考核期内接受培训的员工所占比例	促进本部门重视和支持员工积极接受培训	考核期内接受培训的员工/本部门期内员工平均数×100%	百分比		每＋－1%，＋－5分	季	人力资源部	人力资源部相关统计数据	

表9　环保车间指标库

指标编号	指标名称	指标定义	设置目的	计算公式	计量单位	目标值	评分标准	考核周期	统计部门	信息来源	其他说明
1	原材料消耗预算执行率	原材料使用的实际金额与预算金额的比值	控制生产运行原料支出的预算执行情况	统计期本部门原料开支费用/预算额×100%－目标值	百分比		每＋－1%，－＋5分	月	环保车间、财务部	原料使用台账、相关财务统计数据	
2	客户满意度	书面调查公司内部、外部相关联的客户本部门产品、服务等的满意度	提升可靠性和安全程度，提高市场化水平，提高服务水平	按满意度测评办法统计	百分比		每＋－1%，＋－5分	季	环保车间	满意度调查表	

续表

指标编号	指标名称	指标定义	设置目的	计算公式	计量单位	目标值	评分标准	考核周期	统计部门	信息来源	其他说明
3	设备完好运行率	设备完好运行时间占生产运行时间的百分比，生产运行时间 = 设备异常停止时间 + 设备实际运行时间	促进生产单位重视设备维护和保养工作	1 – 统计期设备异常停止时间/统计期（设备实际运行时间 + 异常停止时间）×100%	百分比		每 + –1%，+ –5 分	月	生产管理部	车间统计数据	
4	重大及以上环保事故发生次数	统计期内由于管理疏漏或人为因素，造成环境污染的重大事故次数	杜绝违章作业、违章指挥	按照事故级别分类统计	次	0	发生 1 次，此项得分为 0	月	安全生产部、设备管理部	安全检查处理报告等、政府处罚文件等	
5	巡检管理	按照生产规定，及时准确进行巡检工作，不得出现延误、脱岗现象	促进职工重视设备检修，并防止生产车间恶排	未按照规定巡检，发现 1 次扣 5 分	次	0		月	环保车间、安全生产部、设备管理部	巡检登记单、安全检查处理报告等、设备检修记录等	
6	车间设备故障率	车间生产设备非正常运行时间数与理论正常运行时间的比率	加强车间设备维护工作，保证生产运营的正常进行	统计期平均故障时间/统计期理论利用时间 ×100% – 目标值	百分比	5%	每 + –0.1%，–10 分	月	质量管理部、设备管理部	质量统计数据、设备检修记录	
7	新设备操作培训	本部门在统计期内接受新设备操作培训的员工所占比例	促进本部门重视和支持员工积极接受培训	统计期内接受培训的员工/本部门期内应接受培训员工总数 ×100%	百分比		每 + –1%，+ –5 分	季	人力资源部	人力资源部相关统计数据	
8	日常安全培训	本部门在统计期内接受安全生产培训的员工所占比例	促进本部门重视和支持员工积极接受培训	统计期内接受培训的员工/本部门期内应接受培训员工总数 ×100%	百分比		每 + –1%，+ –5 分	季	人力资源部	人力资源部相关统计数据	

表 10　供应部指标库

指标编号	指标名称	指标定义	设置目的	计算公式	计量单位	目标值	评分标准	考核周期	统计部门	信息来源	其他说明
1	关键物料及时齐套交付率	关键物料及时交付套数与交付总套数的比率	保证现场物料供应	1－统计期未齐套及时交付项目数/统计期总交付项目数×100%	百分比		每＋－1%，＋－5 分	月	生产管理部	生产管理部绩效报告	
2	物料采购按时交货完成率	物料及时交货数与交货总数的比率	考察物料采购的及时性	统计期按时到货数量/统计期总应到货数量×100%	百分比		每＋－1%，＋－5 分	月	生产管理部	生产管理部绩效报告	
3	物料采购质量合格率	由采购部门承担质量把关责任的外购物料种类中采购达标物料数与此种类总采购数的比率	考察物料采购的质量性	统计期到货合格批次/统计期总到货批次×100%	百分比		每＋－1%，＋－5 分	月	生产管理部	生产管理部绩效报告	
4	供应商整改处理及时性	统计期内采购部门与质量部根据生产、销售及技术的建议，及时督促供应商改善工作绩效	加强合格供应商的管理，提高外协供应水平	出现未及时 1 次，减 10 分	次数			季	质量管理部	供应部供应商绩效改进计划和检查报告	
5	信息反馈及时率	生产所需物料采购信息未能即时反馈数与按照相关规定应当即时反馈的反馈信息总数的比率	保证生产所需物料采购信息的及时传递	1－统计期未即时反馈信息数/统计期应反馈信息总数×100%	百分比		每＋－1%，＋－5 分	月	生产管理部	生产管理部绩效报告	
6	员工培训合格率	本部门接受培训的员工中经过测试（考试）合格人数所占比例	促进本部门重视和支持员工提升接受培训的效果	考核期内接受培训并通过相关测试（考试）的员工数/期内参加测试的员工数×100%	百分比		每＋－1%，＋－5 分	季	人力资源部	人力资源部相关统计数据	

表 11　仓储部指标库

指标编号	指标名称	指标定义	设置目的	计算公式	计量单位	目标值	评分标准	考核周期	统计部门	信息来源	其他说明
1	原材料库存周转率	统计期内原材料占用资金周转次数	提高库存周转率	原材料库存周转率＝统计期内出库原材料总金额/平均库存金额	百分比		每＋－1%，－＋5分	月	财务部	财务部相关财务统计数据	由库存周转率分解出来
2	库存准确率	库存准确率指实际库存账物一致项目数与抽查的总项目数比值	提高库存管理准确性	统计期实际库存帐物一致项目数/统计期抽查的总项目数×100%	百分比		每＋－1%，＋－5分	月	仓储部、财务部	存货盘点表、财务部相关财务统计数据	
3	现场管理规范性	根据各种物资的不同种类及其特性，结合仓库条件，保证仓库材料物资定置摆放，合理有序，保证物资的进出和盘存方便	仓库管理规范化，保证财产物资的完好无损	出现1次不合格项，扣5分	次				仓储部、上级领导	仓库管理现场检查表等	
4	物料保管完整性	仓库内物料保管的完整程度	提高库存管理安全性	每遗失等值100元金额，扣1分	元				仓储部、财务部、上级领导	存货盘点表、财务统计数据、上级领导相关报告、批示	
5	物料仓库账务登记及时准确性	仓库内物料保管账务登记的及时准确程度	提高库存管理规范性	每有1次不及时准确，扣10分	次				各车间	存货盘点表、财务统计数据、上级领导相关报告、批示	
6	员工培训合格率	本部门接受培训的员工中经过测试（考试）合格人数所占比例	促进本部门重视和支持员工提升接受培训的效果	考核期内接受培训并通过相关测试（考试）的员工数/期内参加测试的员工数×100%	百分比		每＋－1%，＋－5分	季	人力资源部	人力资源部相关统计数据	

表 12　安全生产部指标库

指标编号	指标名称	指标定义	设置目的	计算公式	计量单位	目标值	评分标准	考核周期	统计部门	信息来源	其他说明
1	重大及以上生产安全事故发生次数	统计期内由于生产现场存在安全隐患，造成人员死亡或残疾的重大事故次数	杜绝违章作业、违章指挥	按照事故级别分类统计	次	0	发生1次，此项得分为0	月	安全生产部	安全检查处理报告等	

表 13　采购总监指标库

指标编号	指标名称	指标定义	设置目的	计算公式	计量单位	目标值	评分标准	考核周期	统计部门	信息来源	其他说明
1	原材料库存周转率	统计期内原材料占用资金周转次数	提高库存周转率	原材料库存周转率 = 统计期内出库原材料总金额/平均库存金额	百分比		每 + −1%，− +5 分	月	财务部	财务部相关财务统计数据	由库存周转率分解出来
2	净利润	统计期内实现的净利润总额	实现总体经营收益	净利润 = 利润总额 ×（1 − 所得税率）	万元		待定	年	财务部	财务部相关财务统计数据	
3	关键物料及时齐套交付率	关键物料及时交付套数与交付总套数的比率	保证现场物料供应	1 − 统计期未齐套及时交付项目数/统计期总交付项目数 × 100%	百分比		每 + −1%，+ −5 分	月	生产管理部	生产管理部绩效报告	
4	物料采购按时交货完成率	物料及时交货数与交货总数的比率	考察物料采购的及时性	统计期按时到货数量/统计期总应到货数量	百分比		每 + −1%，+ −5 分	月	生产管理部	生产管理部绩效报告	

续表

指标编号	指标名称	指标定义	设置目的	计算公式	计量单位	目标值	评分标准	考核周期	统计部门	信息来源	其他说明
5	物料采购质量合格率	采购达标物料数与总采购数的比率	考察物料采购的质量性	统计期到货合格批次/统计期总到货批次×100%	百分比		每+-1%，+-5分	月	生产管理部	生产管理部绩效报告	
6	供应商整改处理及时性	统计期内质量部根据生产、销售以及技术的建议，及时督促供应商改善工作绩效	加强合格供应商的管理，提高外协供应水平	出现未及时1次，-10分	次数			季	质量管理部	供应部供应商绩效改进计划和检查报告	
7	调查市场价格的有效性	对公司内采购的物资质量及价格进行调查比较，达到用最低的计价最好的质量。由直接上级根据具体执行情况进行评分	及时准确调查市场价格波动情况	统计期市场价格调查有效次数/统计期总调查次数	百分比		每+-1%，+-5分	月	供应部	上级领导报告与评估	
8	信息反馈及时率	生产所需物料采购信息未能即时反馈数与总反馈信息数的比率	保证生产所需物料采购信息的及时传递	1-统计期未即时反馈信息数/统计期信息反馈总数	百分比		每+-1%，+-5分	月	生产管理部	生产管理部绩效报告	
9	库存准确率	库存准确率指实际库存账物一致项目数与抽查的总项目数比值	提高库存管理准确性	统计期实际库存账物一致项目数/统计期抽查的总项目数×100%	百分比		每+-1%，+-5分	月	仓储部、财务部	存货盘点表、财务部相关财务统计数据	

续表

指标编号	指标名称	指标定义	设置目的	计算公式	计量单位	目标值	评分标准	考核周期	统计部门	信息来源	其他说明
10	现场管理规范性	根据各种物资的不同种类及其特性，结合仓库条件，保证仓库材料物资定置摆放，合理有序，保证物资的进出和盘存方便	仓库管理规范化，保证财产物资的完好无损	出现1次不合格项，扣5分	次			月	仓储部、上级领导	仓库管理现场检查表等	
11	物料仓库账务登记及时准确性	仓库内物料保管账务登记的及时准确程度	提高库存管理规范性	每有1次不及时准确，扣10分	次			月	各车间	存货盘点表、财务统计数据、上级领导相关报告、批示	
12	员工培训合格率	本部门接受培训的员工中经过测试（考试）合格人数所占比例	促进本部门重视和支持员工提升接受培训的效果	考核期内接受培训并通过相关测试（考试）的员工数/期内参加测试的员工数×100%	百分比		每+−1%，+−5分	季	人力资源部	人力资源部相关统计数据	

表14　生产总监指标库

指标编号	指标名称	指标定义	设置目的	计算公式	计量单位	目标值	评分标准	考核周期	统计部门	信息来源	其他说明
1	产量	统计期内各类产品合格产出量	衡量出产数量，引导生产单位扩大经营规模	统计期内各类产品合格产出量	吨		每+−1吨，+−5分	月	生产管理部、质量部、财务部	生产报表、质量检验报表、相关财务统计数据	

续表

指标编号	指标名称	指标定义	设置目的	计算公式	计量单位	目标值	评分标准	考核周期	统计部门	信息来源	其他说明
2	产能利用率	工业总产出对生产设备的比率	评估实际生产能力	统计期实际产能/统计期设计产能×100%	百分比	90%	每+-1%，+-5分	月	生产管理部、财务部	生产统计数据、财务部相关财务统计数据	
3	订单及时交付率	准时交付次数与总交付次数的比率	满足客户需求	及时交付次数/总交付次数×100%	百分比		每+-1%，+-5分	月、季	销售部	销售统计数据	
4	设备完好运行率	设备完好运行时间占生产运行时间的百分比，生产运行时间=设备异常停止时间+设备实际运行时间	促进生产单位重视设备维护和保养工作	1-统计期设备异常停止时间/统计期（设备实际运行时间+异常停止时间）×100%	百分比		每+-1%，+-5分	月、季	生产管理部	车间统计数据、设备检修报表	
5	生产计划准确率	生产计划调整次数与下达计划的比值	按订单制订生产计划流程	统计期生产计划调整次数/统计期生产计划数×100%	百分比		每+-1%，+-5分	月	生产管理部	生产统计数据	
6	生产计划完成率	生产实际完成情况与计划要求之比	说明实现生产计划的程度	按计划完成的生产任务/当月总生产任务×100%	百分比		每-1%，扣10分	月	生产管理部	生产统计数据	
7	培训课时完成率	本部门在统计期内员工所应当接受的培训是否按时完成	促进本部门重视和支持培训工作	统计期员工实际培训课时/统计期计划培训课时×100%	百分比		每+-1%，+-5分	季	人力资源部	人力资源部相关统计数据	

表 15　设施总监指标库

指标编号	指标名称	指标定义	设置目的	计算公式	计量单位	目标值	评分标准	考核周期	统计部门	信息来源	其他说明
1	客户满意度	书面调查公司内部、外部相关联的客户对本部门产品、服务等的满意度	提升可靠性和安全程度，提高市场化水平，提高服务水平	按满意度测评办法统计	百分比		每 + −1%，+ −5 分	季	设备管理部	满意度调查表	
2	重大及以上环保事故发生次数	统计期内由于管理疏漏或人为因素，造成环境污染的重大事故次数	杜绝违章作业、违章指挥	按照事故级别分类统计	次	0	发生 1 次，此项得分为 0	月	安全生产部、设备管理部	安全检查处理报告等、政府处罚文件等	
3	检修费用控制率	设备检修实际开支金额与预算金额的比值	控制设备检修费用支出	（统计期实际检修费用 − 统计期预算检修费用）/统计期预算检修费用 100%	百分比		每 +1%，−5 分	月	设备管理部、财务部	检修报表、财务统计数据	
4	物料计量准确性	外购的水、电、蒸汽、空气用量计量的准确程度（可分别计量）	保证计量准确，控制生产成本支出	统计期实际损耗量/统计期总用量 100%	次数	≤5‰	每 +1‰，−5 分	月	设备管理部、财务部、生产管理部、车间	检修报表、财务统计数据、生产统计报表	
5	设备投产按期完成率	设备投产按期完成项目数与设备投产计划完成项目数之比	加强设备安装调试及验收流程效率	统计期设备投产按期完成项目数/统计期设备投产计划完成项目数 ×100%	百分比		每 + −1%，+ −5 分	半年	生产管理部	车间统计数据	

续表

指标编号	指标名称	指标定义	设置目的	计算公式	计量单位	目标值	评分标准	考核周期	统计部门	信息来源	其他说明
6	产值能耗降低评价	对产值能耗的评价依据：同期能耗与产值之比	抓好节能、降耗、减排等工作	统计期领导打分的平均值	分数			月、季	财务部	财务部统计数据、各领导打分	
7	基建工程进度完成情况	工程按进度完成项目与工程计划完成项目之比	监督基建工程完工进度	统计期工程按进度完成项目/统计期工程计划完成项目×100%	百分比		每+-1%，+-5分	年	设施管理部	施工单位、监理单位、质检部门	
8	技改项目的运作情况	技术改造的立项准备、项目评审、运行实施、结果反馈等全过程	保障项目实施的效果，完成节能降耗、降低成本的目标	1-项目实施期内的能耗金额/项目实施前的能耗金额	百分比		每+-1%，+-5分	项目周期	财务部	财务部统计数据	
9	入职培训课时完成率	本部门在考核期内新入职员工所应当接受的培训是否按时完成	促进本部门重视和支持入职培训工作	统计期新员工实际入职培训课时/统计期计划培训课时×100%	百分比		每+-1%，+-5分	季	人力资源部	人力资源部相关统计数据	
10	员工培训覆盖率	本部门在考核期内接受培训的员工所占比例	促进本部门重视和支持员工积极接受培训	考核期内接受培训的员工/本部门期内员工平均数×100%	百分比		每+-1%，+-5分	季	人力资源部	人力资源部相关统计数据	

企业案例·老板传记

	书名．作者	内容/特色	读者价值
企业案例·老板传记	**娃哈哈区域标杆：豫北市场营销实录** 罗宏文　赵晓萌　等著	本书从区域的角度来写娃哈哈河南分公司豫北市场是怎么进行区域市场营销，成为娃哈哈全国第一大市场、全国增量第一高市场的一些操作方法	参考性、指导性，一线真实资料
	像六个核桃一样：打造畅销品的36个简明法则 王　超　范　萍　著	本书分上下两篇：包括“六个核桃”的营销战略历程和36条畅销法则	知名企业的战略历程极具参考价值，36条法则提供操作方法
	六个核桃凭什么：从0过100亿 张学军　著	首部全面揭秘养元六个核桃裂变式成长的巨著	学习优秀企业的成长路径，了解其背后的理论体系
	借力咨询：德邦成长背后的秘密 官同良　王祥伍　著	讲述德邦是如何借助咨询公司的力量进行自身 与发展的	来自德邦内部的第一线资料，真实、珍贵，令人受益匪浅
	解决方案营销实战案例 刘祖轲　著	用10个真案例讲明白什么是工业品的解决方案式营销，实战、实用	有干货、真正操作过的才能写得出来
	招招见销量的营销常识 刘文新　著	如何让每一个营销动作都直指销量	适合中小企业，看了就能用
	我们的营销真案例 联纵智达研究院　著	五芳斋粽子从区域到全国/诺贝尔瓷砖门店销量提升/利豪家具出口转内销/汤臣倍健的营销模式	选择的案例都很有代表性，实在、实操！
	中国营销战实录：令人拍案叫绝的营销真案例 联纵智达　著	51个案例，42家企业，38万字，18年，累计2000余人次参与……	最真实的营销案例，全是一线记录，开阔眼界
	双剑破局：沈坤营销策划案例集 沈　坤　著	双剑公司多年来的精选案例解析集，阐述了项目策划中每一个营销策略的诞生过程，策划角度和方法	一线真实案例，与众不同的策划角度令人拍案叫绝、受益匪浅
	宗：一位制造业企业家的思考 杨　涛　著	1993年创业，引领企业平稳发展20多年，分享独到的心得体会	难得的一本老板分享经验的书
	简单思考：AMT咨询创始人自述 孔祥云　著	著名咨询公司（AMT）的CEO创业历程中点点滴滴的经验与思考	每一位咨询人，每一位创业者和管理经营者，都值得一读
	边干边学做老板 黄中强　著	创业20多年的老板，有经验、能写、又愿意分享，这样的书很少	处处共鸣，帮助中小企业老板少走弯路
	三四线城市超市如何快速成长：解密甘雨亭 IBMG国际商业管理集团　著	国内外标杆企业的经验＋本土实践量化数据＋操作步骤、方法	通俗易懂，行业经验丰富，宝贵的行业量化数据，关键思路和步骤
	中国首家未来超市：解密安徽乐城 IBMG国际商业管理集团　著	本书深入挖掘了安徽乐城超市的试验案例，为零售企业未来的发展提供了一条可借鉴之路	通俗易懂，行业经验丰富，宝贵的行业量化数据，关键思路和步骤

互联网＋

	书名．作者	内容/特色	读者价值
互联网＋	**互联网时代的银行转型** 韩友诚　著	以大量案例形式为读者全面展示和分析了银行的互联网金融转型应对之道	结合本土银行转型发展案例的书籍
	正在发生的转型升级·实践 本土管理实践与创新论坛　著	企业在快速变革期所展现出的管理变革新成果、新方法、新案例	重点突出对于未来企业管理相关领域的趋势研判
	触发需求：互联网新营销样本·水产 何足奇　著	传统产业都在苦闷中挣扎前行，本书通过鲜活的案例告诉你如何以需求链整合供应链，从而把大家熟知的传统行业打碎了重构、重做一遍	全是干货，值得细读学习，并且作者的理论已经经过了他亲自操刀的实践检验，效果惊人，就在书中全景展示
	移动互联新玩法：未来商业的格局和趋势 史贤龙　著	传统商业、电商、移动互联，三个世界并存，这种新格局的玩法一定要懂	看清热点的本质，把握行业先机，一本书搞定移动互联网

续表

互联网+	**微商生意经：真实再现33个成功案例操作全程** 伏泓霖　罗晓慧　著	本书为33个真实案例，分享案例主人公在做微商过程中的经验教训	案例真实，有借鉴意义
	阿里巴巴实战运营——14招玩转诚信通 聂志新　著	本书主要介绍阿里巴巴诚信通的十四个基本推广操作，从而帮助使用诚信通的用户及企业更好地提升业绩	基本操作，很多可以边学边用，简单易学
	今后这样做品牌：移动互联时代的品牌营销策略 蒋　军　著	与移动互联紧密结合，告诉你老方法还能不能用，新方法怎么用	今后这样做品牌就对了
	互联网+"变"与"不变"：本土管理实践与创新论坛集萃.2016 本土管理实践与创新论坛　著	本土管理领域正在产生自己独特的理论和模式，尤其在移动互联时代，有很多新课题需要本土专家们一起研究	帮助读者拓宽眼界、突破思维
	创造增量市场：传统企业互联网转型之道 刘红明　著	传统企业需要用互联网思维去创造增量，而不是用电子商务去转移传统业务的存量	教你怎么在"互联网+"的海洋中创造实实在在的增量
	重生战略：移动互联网和大数据时代的转型法则 沈　拓　著	在移动互联网和大数据时代，传统企业转型如同生命体打算与再造，称之为"重生战略"	帮助企业认清移动互联网环境下的变化和应对之道
	画出公司的互联网进化路线图：用互联网思维重塑产品、客户和价值 李　蓓　著	18个问题帮助企业一步步梳理出互联网转型思路	思路清晰、案例丰富，非常有启发性
	7个转变，让公司3年胜出 李　蓓　著	消费者主权时代，企业该怎么办	这就是互联网思维，老板有能这样想，肯定倒不了
	跳出同质思维，从跟随到领先 郭　剑　著	66个精彩案例剖析，帮助老板突破行业长期思维惯性	做企业竟然有这么多玩法，开眼界

行业类：零售、白酒、食品/快消品、农业、医药、建材家居等

	书名．作者	内容/特色	读者价值
零售·超市·餐饮·服装·汽车	**1. 总部有多强大，门店就能走多远** **2. 超市卖场定价策略与品类管理** **3. 连锁零售企业招聘与培训破解之道** **4. 中国首家未来超市：解密安徽乐城** **5. 三四线城市超市如何快速成长：解密甘雨亭** IBMG国际商业管理集团　著	国内外标杆企业的经验+本土实践量化数据+操作步骤、方法	通俗易懂，行业经验丰富，宝贵的行业量化数据，关键思路和步骤
	涨价也能卖到翻 村松达夫【日】	提升客单价的15种实用、有效的方法	日本企业在这方面非常值得学习和借鉴
	移动互联时代的超市升级 联商网　著	深度解析超市转型升级重点	帮助零售企业把握全局、看清方向
	手把手教你做专业督导：专卖店、连锁店 熊亚柱　著	从督导的职能、作用，在工作中需要的专业技能、方法，都提供了详细的解读和训练办法，同时附有大量的表单工具	无论是店铺需要统一培训，还是个人想成为优秀的督导，有这一本就够了
	零售：把客流变成购买力 丁　昀　著	如何通过不断升级产品和体验式服务来经营客流	如何进行体验营销，国外的好经营，这方面有启发
	餐饮企业经营策略第一书 吴　坚　著	分别从产品、顾客、市场、盈利模式等几个方面，对现阶段餐饮企业的发展提出策略和思路	第一本专业的、高端的餐饮企业经营指导书
	赚不赚钱靠店长：从懂管理到会经营 孙彩军　著	通过生动的案例来进行剖析，注重门店管理细节方面的能力提升	帮助终端门店店长在管理门店的过程中实现经营思路的拓展与突破

续表

	汽车配件这样卖:汽车后市场销售秘诀100条 俞士耀　著	汽配销售业务员必读,手把手教授最实用的方法,轻松得来好业绩	快速上岗,专业实效,业绩无忧
耐消品	**跟行业老手学经销商开发与管理:家电、耐消品、建材家居** 黄润霖　著	全部来源于经销商管理的一线问题,作者用丰富的经验将每一个问题落实到最便捷快速的操作方法上去	书中每一个问题都是普通营销人亲口提出的,这些问题你也会遇到,作者进行的解答则精彩实用
白酒	**变局下的白酒企业重构** 杨永华　著	帮助白酒企业从产业视角看清趋势,找准位置,实现弯道超车的书	行业内企业要减少90%,自己在什么位置,怎么做,都清楚了
	1. 白酒营销的第一本书(升级版) **2. 白酒经销商的第一本书** 唐江华　著	华泽集团湖南开口笑公司品牌部长,擅长酒类新品推广、新市场拓展	扎根一线,实战
	区域型白酒企业营销必胜法则 朱志明　著	为区域型白酒企业提供35条必胜法则,在竞争中赢销的葵花宝典	丰富的一线经验和深厚积累,实操实用
	10步成功运作白酒区域市场 朱志明　著	白酒区域操盘者必备,掌握区域市场运作的战略、战术、兵法	在区域市场的攻伐防守中运筹帷幄,立于不败之地
	酒业转型大时代:微酒精选2014-2015 微酒　主编	本书分为五个部分:当年大事件、那些酒业营销工具、微酒独立策划、业内大调查和十大经典案例	了解行业新动态、新观点,学习营销方法
快消品·食品	**乳业营销第一书** 侯军伟　著	对区域乳品企业生存发展关键性问题的梳理	唯一的区域乳业营销书,区域乳品企业一定要看
	食用油营销第一书 余　盛　著	10多年油脂企业工作经验,从行业到具体实操	食用油行业第一书,当之无愧
	中国茶叶营销第一书 柏　龑　著	如何跳出茶行业"大文化小产业"的困境,作者给出了自己的观察和思考	不是传统做茶的思路,而是现在商业做茶的思路
	调味品营销第一书 陈小龙　著	国内唯一一本调味品营销的书	唯一的调味品营销的书,调味品的从业者一定要看
	快消品营销人的第一本书:从入门到精通 刘　雷　伯建新　著	快消行业必读书,从入门到专业	深入细致,易学易懂
	变局下的快消品营销实战策略 杨永华　著	通胀了,成本增加,如何从被动应战变成主动的"系统战"	作者对快消品行业非常熟悉、非常实战
	快消品经销商如何快速做大 杨永华　著	本书完全从实战的角度,评述现象,解析误区,揭示原理,传授方法	为转型期的经销商提供了解决思路,指出了发展方向
	一位销售经理的工作心得 蒋　军　著	一线营销管理人员想提升业绩却无从下手时,可以看看这本书	一线的真实感悟
	快消品营销:一位销售经理的工作心得2 蒋　军　著	快消品、食品饮料营销的经验之谈,重点图书	来源与实战的精华总结
	快消品营销与渠道管理 谭长春　著	将快消品标杆企业渠道管理的经验和方法分享出来	可口可乐、华润的一些具体的渠道管理经验,实战
	成为优秀的快消品区域经理 伯建新　著	37个"怎么办"分析区域经理的工作关键点	可以作为区域经理的'速成催化器'
	销售轨迹:一位快消品营销总监的拼搏之路 秦国伟　著	本书讲述了一个普通销售员打拼成为跨国企业营销总监的真实奋斗历程	激励人心,给广大销售员以力量和鼓舞
	快消老手都在这样做:区域经理操盘锦囊 方刚　著	非常接地气,全是多年沉淀下来的干货,丰富的一线经验和实操方法不可多得	在市场摸爬滚打的"老油条",那些独家绝招妙招一般你问都是问不来的
	动销四维:全程辅导与新品上市 高继中　著	从产品、渠道、促销和新品上市详细讲解提高动销的具体方法,总结作者18年的快消品行业经验,方法实操	内容全面系统,方法实操

续表

农业	**中小农业企业品牌战法** 韩　旭　著	将中小农业企业品牌建设的方法,从理论讲到实践,具有指导性	全面把握品牌规划,传播推广,落地执行的具体措施
	农资营销实战全指导 张　博　著	农资如何向"深度营销"转型,从理论到实践进行系统剖析,经验资深	朴实、使用! 不可多得的农资营销实战指导
	农产品营销第一书 胡浪球　著	从农业企业战略到市场开拓、营销、品牌、模式等	来源于实践中的思考,有启发
	变局下的农牧企业 9 大成长策略 彭志雄　著	食品安全、纵向延伸、横向联合、品牌建设……	唯一的农牧企业经营实操的书,农牧企业一定要看
医药	**新医改下的医药营销与团队管理** 史立臣　著	探讨新医改对医药行业的系列影响和医药团队管理	帮助理清思路,有一个框架
	医药营销与处方药学术推广 马宝琳　著	如何用医学策划把"平民产品"变成"明星产品"	有真货、讲真话的作者,堪称处方药营销的经典!
	新医改了,药店就要这样开 尚　锋　著	药店经营、管理、营销全攻略	有很强的实战性和可操作性
	电商来了,实体药店如何突围 尚　锋　著	电商崛起,药店该如何突围? 本书从促销、会员服务、专业性、客单价等多重角度给出了指导方向	实战攻略,拿来就能用
	在中国,医药营销这样做:时代方略精选文集 段继东　主编	专注于医药营销咨询 15 年,将医药营销方法的精华文章合编,深入全面	可谓医药营销领域的顶尖著作,医药界读者的必读书
	OTC 医药代表药店销售 36 计 鄢圣安　著	以《三十六计》为线,写 OTC 医药代表向药店销售的一些技巧与策略	案例丰富,生动真实,实操性强
	OTC 医药代表药店开发与维护 鄢圣安　著	要做到一名专业的医药代表,需要做什么、准备什么、知识储备、操作技巧等	医药代表药店拜访的指导手册,手把手教你快速上手
	引爆药店成交率 1:店员导购实战 范月明　著	一本书解决药店导购所有难题	情景化、真实化、实战化
	引爆药店成交率 2:经营落地实战 范月明　著	最接地气的经营方法全指导	揭示了药店经营的几类关键问题
	医药企业转型升级战略 史立臣　著	药企转型升级有 5 大途径,并给出落地步骤及风险控制方法	实操性强,有作者个人经验总结及分析
建材家居	**建材家居营销实务** 程绍珊　杨鸿贵　主编	价值营销运用到建材家居,每一步都让客户增值	有自己的系统、实战
	建材家居门店销量提升 贾同领　著	店面选址、广告投放、推广助销、空间布局、生动展示、店面运营等	门店销量提升是一个系统工程,非常系统、实战
	10 步成为最棒的建材家居门店店长 徐伟泽　著	实际方法易学易用,让员工能够迅速成长,成为独当一面的好店长	只要坚持这样干,一定能成为好店长
	手把手帮建材家居导购业绩倍增:成为顶尖的门店店员 熊亚柱　著	生动的表现形式,让普通人也能成为优秀的导购员,让门店业绩长红	读着有趣,用着简单,一本在手、业绩无忧
	建材家居经销商实战 42 章经 王庆云　著	告诉经销商:老板怎么当、团队怎么带、生意怎么做	忠言逆耳,看着不舒服就对了,实战总结,用一招半式就值了
工业品	**销售是门专业活:B2B 、工业品** 陆和平　著	销售流程就应该跟着客户的采购流程和关注点的变化向前推进,将一个完整的销售过程分成十个阶段,提供具体方法	销售不是请客吃饭拉关系,是个专业的活计! 方法在手,走遍天下不愁
	解决方案营销实战案例 刘祖轲　著	用 10 个真案例讲明白什么是工业品的解决方案式营销,实战、实用	有干货、真正操作过的才能写得出来

续表

工业品	**变局下的工业品企业7大机遇** 叶敦明　著	产业链条的整合机会、盈利模式的复制机会、营销红利的机会、工业服务商转型机会……	工业品企业还可以这样做，思维大突破
	工业品市场部实战全指导 杜　忠　著	工业品市场部经理工作内容全指导	系统、全面、有理论、有方法，帮助工业品市场部经理更快提升专业能力
	工业品营销管理实务 李洪道　著	中国特色工业品营销体系的全面深化、工业品营销管理体系优化升级	工具更实战，案例更鲜活，内容更深化
	工业品企业如何做品牌 张东利　著	为工业品企业提供最全面的品牌建设思路	有策略、有方法、有思路、有工具
	丁兴良讲工业4.0 丁兴良　著	没有枯燥的理论和说教，用朴实直白的语言告诉你工业4.0的全貌	工业4.0是什么？本书告诉你答案
	资深大客户经理：策略准，执行狠 叶敦明　著	从业务开发、发起攻势、关系培育、职业成长四个方面，详述了大客户营销的精髓	满满的全是干货
	一切为了订单：订单驱动下的工业品营销实战 唐道明　著	其实，所有的企业都在围绕着两个字在开展全部的经营和管理工作，那就是“订单”	开发订单、满足订单、扩大订单。本书全是实操方法，字字珠玑、句句干货，教你获得营销的胜利
金融	**交易心理分析** （美）马克·道格拉斯　著 刘真如　译	作者一语道破赢家的思考方式，并提供了具体的训练方法	不愧是投资心理的第一书，绝对经典
	精品银行管理之道 崔海鹏　何　屹　主编	中小银行转型的实战经验总结	中小银行的教材很多，实战类的书很少，可以看看
	支付战争 Eric M. Jackson　著 徐　彬　王　晓　译	PayPal创业期营销官，亲身讲述PayPal从诞生到壮大到成功出售的整个历史	激烈、有趣的内幕商战故事！了解美国支付市场的风云巨变
房地产	**产业园区/产业地产规划、招商、运营实战** 阎立忠　著	目前中国第一本系统解读产业园区和产业地产建设运营的实战宝典	从认知、策划、招商到运营全面了解地产策划
	人文商业地产策划 戴欣明　著	城市与商业地产战略定位的关键是不可复制性，要发现独一无二的“味道”	突破千城一面的策划困局
	电影院的下一个黄金十年：开发·差异化·案例 李保煜　著	对目前电影院市场存大的问题及如何解决进行了探讨与解读	多角度了解电影院运营方式及代表性案例

经营类：企业如何赚钱，如何抓机会，如何突破，如何“开源”

	书名．作者	内容/特色	读者价值
抓方向	**让经营回归简单．升级版** 宋新宇　著	化繁为简抓住经营本质：战略、客户、产品、员工、成长	经典，做企业就这几个关键点！
	活系统：跟任正非学当老板 孙行健　尹　贤　著	以任正非的独到视角，教企业老板如何经营公司	看透公司经营本质，激活企业活力
	公司由小到大要过哪些坎 卢　强　著	老板手里的一张“企业成长路线图”	现在我在哪儿，未来还要走哪些路，都清楚了
	企业二次创业成功路线图 夏惊鸣　著	企业曾经抓住机会成功了，但下一步该怎么办？	企业怎样获得第二次成功，心里有个大框架了
	老板经理人双赢之道 陈　明　著	经理人怎养选平台、怎么开局，老板怎样选/育/用/留	老板生闷气，经理人牢骚大，这次知道该怎么办了
	简单思考：AMT咨询创始人自述 孔祥云　著	著名咨询公司（AMT）的CEO创业历程中点点滴滴的经验与思考	每一位咨询人，每一位创业者和管理经营者，都值得一读
	企业文化的逻辑 王祥伍　黄健江　著	为什么企业绩效如此不同，解开绩效背后的文化密码	少有的深刻，有品质，读起来很流畅
	使命驱动企业成长 高可为　著	钱能让一个人今天努力，使命能让一群人长期努力	对于想做事业的人，‘使命’是绕不过去的

续表

思维突破	移动互联新玩法：未来商业的格局和趋势 史贤龙　著	传统商业、电商、移动互联，三个世界并存，这种新格局的玩法一定要懂	看清热点的本质，把握行业先机，一本书搞定移动互联网
	画出公司的互联网进化路线图：用互联网思维重塑产品、客户和价值 李　蓓　著	18 个问题帮助企业一步步梳理出互联网转型思路	思路清晰、案例丰富，非常有启发性
	重生战略：移动互联网和大数据时代的转型法则 沈　拓　著	在移动互联网和大数据时代，传统企业转型如同生命体打算与再造，称之为"重生战略"	帮助企业认清移动互联网环境下的变化和应对之道
	创造增量市场：传统企业互联网转型之道 刘红明　著	传统企业需要用互联网思维去创造增量，而不是用电子商务去转移传统业务的存量	教你怎么在"互联网＋"的海洋中创造实实在在的增量
	7 个转变，让公司 3 年胜出 李　蓓　著	消费者主权时代，企业该怎么办	这就是互联网思维，老板有能这样想，肯定倒不了
	跳出同质思维，从跟随到领先 郭　剑　著	66 个精彩案例剖析，帮助老板突破行业长期思维惯性	做企业竟然有这么多玩法，开眼界
	麻烦就是需求　难题就是商机 卢根鑫　著	如何借助客户的眼睛发现商机	什么是真商机，怎么判断、怎么抓，有借鉴
	互联网＋"变"与"不变"：本土管理实践与创新论坛集萃·2016 本土管理实践与创新论坛　著	加速本土管理思想的孕育诞生，促进本土管理创新成果更好地服务企业、贡献社会	各个作者本年度最新思想，帮助读者拓宽眼界、突破思维
财务	写给企业家的公司与家庭财务规划——从创业成功到富足退休 周荣辉　著	本书以企业的发展周期为主线，写各阶段企业与企业主家庭的财务规划	为读者处理人生各阶段企业与家庭的财务问题提供建议及方法，让家庭成员真正享受财富带来的益处
	互联网时代的成本观 程　翔　著	本书结合互联网时代提出了成本的多维观，揭示了多维组合成本的互联网精神和大数据特征，论述了其产生背景、实现思路和应用价值	在传统成本观下为盈利的业务，在新环境下也许就成为亏损业务。帮助管理者从新的角度来看待成本，进一步做好精益管理

管理类：效率如何提升，如何实现经营目标，如何"节流"

	书名．作者	内容/特色	读者价值
通用管理	1. 让管理回归简单．升级版 2. 让经营回归简单．升级版 3. 让用人回归简单 宋新宇　著	宋博士的"简单"三部曲，影响 20 万读者，非常经典	被读者热情地称作"中小企业的管理圣经"
	员工心理学超级漫画版 邢　雷　著	以漫画的形式深度剖析员工心理	帮助管理者更了解员工，从而更轻松地管理员工
	分股合心：股权激励这样做 段　磊　周　剑　著	通过丰富的案例，详细介绍了股权激励的知识和实行方法	内容丰富全面、易读易懂，了解股权激励，有这一本就够了
	边干边学做老板 黄中强　著	创业 20 多年的老板，有经验、能写、又愿意分享，这样的书很少	处处共鸣，帮助中小企业老板少走弯路
	中国式阿米巴落地实践之从交付到交易 胡八一　著	本书主要讲述阿米巴经营会计，"从交付到交易"，这是成功实施了阿米巴的标志	阿米巴经营会计的工作是有逻辑关联的，一本书就能搞定
	阿米巴经营的中国模式 李志华　著	让员工从"要我干"到"我要干"，价值量化出来	阿米巴在企业如何落地，明白思路了
	中国式阿米巴落地实践之激活组织 胡八一　著	重点讲解如何科学划分阿米巴单元，阐述划分的实操要领、思路、方法、技术与工具	最大限度减少"推行风险"和"摸索成本"，利于公司成功搭建适合自身的个性化阿米巴经营体系
	欧博心法：好管理靠修行 曾　伟　著	用佛家的智慧，深刻剖析管理问题，见解独到	如果真的有'中国式管理'，曾老师是其中标志性人物

续表

流程管理	**1. 用流程解放管理者** **2. 用流程解放管理者 2** 张国祥　著	中小企业阅读的流程管理、企业规范化的书	通俗易懂,理论和实践的结合恰到好处
	跟我们学建流程体系 陈立云　著	畅销书《跟我们学做流程管理》系列,更实操,更细致,更深入	更多地分享实践,分享感悟,从实践总结出来的方法论
质量管理	**五大质量工具详解及运用案例:APQP/FMEA/PPAP/MSA/SPC** 谭洪华　著	对制造业必备的五大质量工具中每个文件的制作要求、注意事项、制作流程、成功案例等进行了解读	通俗易懂、简便易行,能真正实现学以致用
	1. ISO9001:2015 新版质量管理体系详解与案例文件汇编 **2. ISO14001:2015 新版环境管理体系详解与案例文件汇编** 谭洪华　著	紧密围绕 2015 新版,逐条详细解读,工具也可以直接套用,易学易上手	企业认证、内审必备
战略落地	**重生——中国企业的战略转型** 施　炜　著	从前瞻和适用的角度,对中国企业战略转型的方向、路径及策略性举措提出了一些概要性的建议和意见	对企业有战略指导意义
	公司大了怎么管:从靠英雄到靠组织 AMT 金国华　著	第一次详尽阐释中国快速成长型企业的特点、问题及解决之道	帮助快速成长型企业领导及管理团队理清思路,突破瓶颈
	低效会议怎么改:每年节省一半会议成本的秘密 AMT 王玉荣　著	教你如何系统规划公司的各级会议,一本工具书	教会你科学管理会议的办法
战略落地	**年初订计划,年尾有结果:战略落地七步成诗** AMT 郭晓　著	7 个步骤教会你怎么让公司制定的战略转变为行动	系统规划,有效指导计划实现
人力资源	**回归本源看绩效** 孙　波　著	让绩效回顾"改进工具"的本源,真正为企业所用	确实是来源于实践的思考,有共鸣
	世界 500 强资深培训经理人教你做培训管理 陈　锐　著	从 7 大角度具体细致地讲解了培训管理的核心内容	专业、实用、接地气
	曹子祥教你做激励性薪酬设计 曹子祥　著	以激励性为指导,系统性地介绍了薪酬体系及关键岗位的薪酬设计模式	深入浅出,一本书学会薪酬设计
	曹子祥教你做绩效管理 曹子祥　著	复杂的理论通俗化,专业的知识简单化,企业绩效管理共性问题的解决方案	轻松掌握绩效管理
人力资源	**把招聘做到极致** 远　鸣　著	作为世界 500 强高级招聘经理,作者数十年招聘经验的总结分享	带来职场思考境界的提升和具体招聘方法的学习
	人才评价中心.超级漫画版 邢　雷　著	专业的主题,漫画的形式,只此一本	没想到一本专业的书,能写成这效果
	走出薪酬管理误区 全怀周　著	剖析薪酬管理的 8 大误区,真正发挥好枢纽作用	值得企业深读的实用教案
	集团化人力资源管理实践 李小勇　著	对搭建集团化的企业很有帮助,务实,实用	最大的亮点不是理论,而是结合实际的深入剖析
	我的人力资源咨询笔记 张　伟　著	管理咨询师的视角,思考企业的 HR 管理	通过咨询师的眼睛对比很多企业,有启发
	本土化人力资源管理 8 大思维 周　剑　著	成熟 HR 理论,在本土中小企业实践中的探索和思考	对企业的现实困境有真切体会,有启发

续表

企业文化	**HRBP 是这样炼成的之“菜鸟起飞”** 新　海　著	以小说的形式，具体解析 HRBP 的职责，应该如何操作，如何为业务服务	实践者的经验分享，内容实务具体，形式有趣
	华夏基石方法：企业文化落地本土实践 王祥伍　谭俊峰　著	十年积累、原创方法、一线资料，和盘托出	在文化落地方面真正有洞察，有实操价值的书
	企业文化的逻辑 王祥伍　著	为什么企业之间如此不同，解开绩效背后的文化密码	少有的深刻，有品质，读起来很流畅
	企业文化激活沟通 宋杼宸　安　琪　著	透过新任 HR 总经理的眼睛，揭示出沟通与企业文化的关系	有实际指导作用的文化落地读本
	在组织中绽放自我：从专业化到职业化 朱仁健　王祥伍　著	个人如何融入组织，组织如何助力个人成长	帮助企业员工快速认同并投入到组织中去，为企业发展贡献力量
	企业文化定位·落地一本通 王明胤　著	把高深枯燥的专业理论创建成一套系统化、实操化、简单化的企业文化缔造方法	对企业文化不了解，不会做？有这一本从概念到实操，就够了
生产管理	**高员工流失率下的精益生产** 余伟辉　著	中国的精益生产必须面对和解决高员工流失率问题	确实来源于本土的工厂车间，很务实
	车间人员管理那些事儿 岑立聪　著	车间人员管理中处理各种“疑难杂症”的经验和方法	基层车间管理者最闹心、头疼的事，‘打包’解决
	1. 欧博心法：好管理靠修行 **2. 欧博心法：好工厂这样管** 曾　伟　著	他是本土最大的制造业管理咨询机构创始人，他从 400 多个项目、上万家企业实践中锤炼出的欧博心法	中小制造型企业，一定会有很强的共鸣
生产管理	**欧博工厂案例 1：生产计划管控对话录** **欧博工厂案例 2：品质技术改善对话录** **欧博工厂案例 3：员工执行力提升对话录** 曾　伟　著	最典型的问题、最详尽的解析，工厂管理 9 大问题 27 个经典案例	没想到说得这么细，超出想象，案例很典型，照搬都可以了
	苦中得乐：管理者的第一堂必修课 曾　伟　编著	曾伟与师傅大愿法师的对话，佛学与管理实践的碰撞，管理禅的修行之道	用佛学最高智慧看透管理
	比日本工厂更高效 1：管理提升无极限 刘承元　著	指出制造型企业管理的六大积弊；颠覆流行的错误认知；掌握精益管理的精髓	每一个企业都有自己不同的问题，管理没有一剑封喉的秘笈，要从现场、现物、现实出发
	比日本工厂更高效 2：超强经营力 刘承元　著	企业要获得持续盈利，就要开源和节流，即实现销售最大化，费用最小化	掌握提升工厂效率的全新方法
	比日本工厂更高效 3：精益改善力的成功实践 刘承元　著	工厂全面改善系统有其独特的目的取向特征，着眼于企业经营体质（持续竞争力）的建设与提升	用持续改善力来飞速提升工厂的效率，高效率能够带来意想不到的高效益
	3A 顾问精益实践 1：IE 与效率提升 党新民　苏迎斌　蓝旭日　著	系统的阐述了 IE 技术的来龙去脉以及操作方法	使员工与企业持续获利
	3A 顾问精益实践 2：JIT 与精益改善 肖志军　党新民　著	只在需要的时候，按需要的量，生产所需的产品	提升工厂效率